Bordeaux brûle

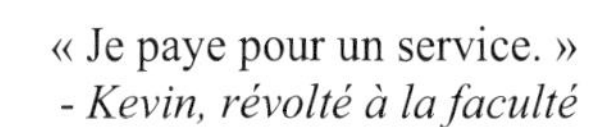

« Je paye pour un service. »
- *Kevin, révolté à la faculté*

« Arrêtez d'être des putes, soyez des hommes. »
-*John, déterminé sur Instagram*

« On ne fait pas du miel avec le cul d'une guêpe. » - *Mariem, réflective au travail*

« Je n'ai pas un problème d'alcool. J'ai un problème d'argent. »
- *Brochette, pensif en soirée*

« Si j'avais été aussi long qu'eux au boulot, je me serais fait viré depuis longtemps »
-*Gaetan, énervé au Mc Drive*

Chapitre 1 : Business is business in Jakarta

à ma Mère

Juillet. An I.

Le soleil se profilait encore à l'horizon, que déjà les lumières de la ville émergeaient. La nuit s'invite à partir de 18h, en Indonésie occidentale. Des affiches publicitaires s'illuminaient au loin, promesse d'un réseau de téléphone sans faille, ou de dents bien plus blanches que l'argent des îles Caïmans. La rumeur de la ville, au loin, raisonnait tel un bruit de fond perpétuel. Mais cela ne me gênait pas, au contraire.
Elle me rassurait.
La température se trouvait être plus douce le soir. Un léger vent surgissait. Nous passions sous les 30 degrés Celsius et le taux d'humidité baissait.

Ce que j'aime à Jakarta, capitale de la République d'Indonésie, c'est l'ambiance. La ville regorge d'animation, marque de fabrication de l'Asie. En cas d'ennui, il suffit de sortir dans la rue, poser ses omoplates sur le portail d'entrée et de simplement regarder la vie se dérouler. Les odeurs de cuisines, les *bajaj*, les scooters, les voitures, bicyclettes et vendeurs ambulants sont fascinants à observer. Ces derniers représentent simplement la vie : les échecs, les réussites, des assiettes plus remplies que d'autres selon les jours, mais surtout une persévérance à continuer, et une volonté à exécuter le travail jusqu'au bout.
J'ai fait réparer des bottes en cuir par un cordonnier ambulant, et il se trouve que ce sont les chaussures les plus solides dont je dispose.
L'Indonésie prône un certain culte du bonheur, comme les pays asiatiques en général. Une possibilité de réussite sociale, à travers une forte demande et par une croissance économique en plein boom. Le consumérisme de ce pays dépasse tout ce que je connais d'européen. Si quelqu'un cherchait la signification du mot « capitalisme », je l'emmènerais volontiers à Jakarta. Des supermarchés immenses à plusieurs étages, disposant parfois de grands huit à l'intérieur, un sang marchand et un rapport à l'argent défiant toute concurrence caractérisait la capitale. Pour les Indonésiens, l'absence d'argent signifie la mort.
Mais la tradition et la famille sont les clés de voûte de la société indonésienne. Nous sommes très proches, et l'enfant le plus disponible doit s'occuper de ses parents jusqu'à leur mort. Les familles sont en général nombreuses.
L'Honneur est aussi au-devant de la scène, et il est fort possible, en cas de grosse faute, d'être renié par ses géniteurs, ce qui s'avérerait être le pire des châtiments.
Je descendis du toit de l'hôtel, géré par mes grands-parents indonésiens. La vue était imprenable, et je me sentais comme un élément de cet amas d'habitations. L'immeuble est situé au centre-ville, dans l'un des plus vieux quartiers. D'en haut, chaque soir, je pouvais voir toute la capitale basculer dans l'obscurité.
Je rejoignis ma mère et mon beau-père, Paolo. Nous nous apprêtions à sortir dîner avec des cousins dans un restaurant chinois réputé. Je vis d'autres personnes discuter avec mon grand-père, que j'appelais *Opa*, dans le salon. Ils étaient assis dans des fauteuils à l'entrée et certains fumaient des cigarettes, pratique très répandue en Indonésie. Fumer signifie être un homme. Le salon était orné de dalles en céramique bleue ciel. L'Asie est très coloriée, que

ce soit les maisons, les habits ou les véhicules.
Opa me sourit. Pour lui, je suis le dernier mâle de la famille, qui doit forcément finir banquier ou notaire. Il me présenta à ses amis, en leur disant que je faisais des brillantes études de Droit et de Sciences Politiques. Je me contentai de sourire, et écrasai un moustique sous son regard amusé.
Je serrai par la suite la main aux individus, suivi d'une main sur le cœur.

L'Indonésie est le plus grand pays musulman au monde, mais je suis né dans une famille protestante. Ce qui n'empêchait pas d'entretenir d'excellents rapports avec la religion dominante.
Il est fréquent en Asie d'avoir du monde chez soi à toute heure de la journée. Nous ne sommes jamais seuls. Le thé sera toujours chaud, bien sucré et prêt pour les visiteurs. L'accueil est très important, cela fait partie de la culture.

Pourquoi parler d'Indonésie alors que le thème porte sur Bordeaux ? Eh bien, parce que c'est là-bas que tout a commencé.

Je suis né lorsque ma mère sortit d'un *Hard Rock Café*. Elle perdit les eaux peu après et fût emmenée d'urgence à l'hôpital. Coïncidence ou pas, mes parents s'étaient rencontrés dans ce même café de Jakarta.
Suite à de terribles incidents et d'horribles troubles, mes parents avaient divorcé, mon père obtenant la garde. Il fût muté à Rome, en Italie, et m'a emmené avec lui. Ma mère s'installa par la suite en Suisse et je la voyais pendant les vacances scolaires. Mais de nombreuses années s'étaient écoulées avant de pouvoir retourner dans mon pays natal, retrouver ma famille asiatique et enfin pour réapprendre la langue.
N'aimant pas la confusion des grandes villes européennes, je me sens pourtant comme un poisson dans l'eau dans le chaos des mégalopoles asiatiques. J'y trouve un calme paradoxal. C'est l'un des rares endroits où mon angoisse s'en va.

Une clameur s'éleva plus forte que les autres. Le muezzin appelait à la prière. Les fidèles s'agenouillaient, alors que je restais debout.
Il y a malheureusement un fanatisme grandissant dans le pays de ma naissance. Des partis extrémistes surgissent un peu partout, et apportent des problèmes à la population locale. Il y a déjà eu de terribles guerres civiles. Mon grand-père avait abrité des musulmans persécutés, et ces derniers l'avaient protégé par la suite des expéditions punitives islamiques.
Mais j'ai foi en l'Indonésie, je sais qu'elle pourra régler ce problème à sa manière, même si le combat sera long et rude.

Pour retourner à l'essence même du plus grand archipel du monde, la croissance est vue comme un symbole du bonheur. Ce qui s'opposerait aux théories de Bookchin ou bien de Gorz qui renient le besoin indispensable de la prospérité économique.
L'Indonésie s'occupera, au final, des problèmes écologiques et sociétaux une fois que tous auront de quoi manger. Le contraste entre les riches et les pauvres est très fort. Savoir que certains mangent des plats avariés au bord de la route, alors que le *mall* d'en face sert des buffets à volonté, porte à réfléchir. Avoir faim doit être une sensation terrible. Et dire que mes arrière-grands-parents, paternels cette fois-ci, avaient fait la guerre d'Espagne du côté républicain ! Ils s'étaient nourris de leur propre ceinture en cuir, sautée à la poêle dans de la graisse de mitrailleuse, lorsqu'ils fuyaient les troupes du Général Franco dans les Pyrénées.

Je crois en l'Asie. Serait-ce de la naïveté ou du patriotisme ? Non. C'est de l'espoir. Et il n'y a rien de plus beau que cela.
L'Indonésie se résume donc par quelques mots : famille, forêt, jungle, mystères et consumérisme ; j'ai en effet déjà vu une parabole de télévision en pleine brousse dans un village reculé. J'avais été éberlué.
Il ne manquait plus que le wi-fi.
Pour finir, les Indonésiens ne semblent pas se plaindre souvent comme le Français moyen. Leur jugement semble plus silencieux. A leurs yeux, nous autres Européens sommes des enfants gâtés qui ne seront jamais satisfaits.

Nous avions donc rendez-vous dans un centre commercial de la capitale avec nos cousins. Le *mall* est l'endroit où se trouvent les restaurants huppés, en majorité chinois. Les familles y vont le soir pour manger, en passant bien sûr devant les boutiques de luxe. Imaginez, vous êtes une famille nouvellement riche grâce à la production d'huile de palme. Avant de manger, pourquoi ne pas s'offrir une nouvelle robe ? Votre bracelet est-il cassé ? Prenez-en un autre de meilleure qualité ! Et après, seulement après, vous pourrez enfin déguster votre plat en montrant vos achats aux amis à table.
Le restaurant chinois était au bout d'un couloir plus illuminé que la Tour Eiffel un 14 juillet. Une serveuse en uniforme impeccable nous accueillit. La salle était immense, remplie, mais peu bruyante. En général, lorsque les Asiatiques mangent, ils ne parlent pas. Savourer son plat se fait en silence, à la différence des « Occidentaux ».
Des lustres en cristal ornaient les murs. Les tables étaient en verre, et de forme ronde. Les plats étaient posés sur les rebords d'un disque en plexiglas greffé à la table. Il fallait le faire tourner sur lui-même pour se servir. Trois salariés se tenaient à chaque tablée, attentifs au moindre verre vide qu'ils s'empressaient de remplir sitôt celui-ci vidé. Je n'avais jamais eu pareil traitement VIP auparavant.
D'un côté c'était pratique, mais se révélait aussi être perturbant. Je me sentais observé, surveillé. Mais cela n'empêchait pas le repas d'être pourtant délicieux.
Mon beau-père revint des toilettes en m'indiquant que je serais surpris. Voulant satisfaire ma curiosité, et mon envie pressante, je me levai.
Je fus abasourdi. Les publicités défilaient sur des petits écrans installés au-dessus de chaque urinoir. L'Asie est un tsunami de modernité, d'inventions loufoques et de volonté de mélanger futur et tradition.
Je retournai à table. Mes grands-oncles parlaient d'affaires avec mon grand-père indonésien. Ces premiers possédaient de très grands champs de palme. La vidéo du *orang-outang*, très partagée sur Facebook, se battant contre une pelleteuse rasant son territoire, me revint en tête. Leurs profits se trouvaient être énormes. Bien loin devant celui d'*Opa*. Ils le taquinèrent dessus, et très vexé, mon grand-père tenta tant bien que mal de justifier sa petite affaire.
Si les Indonésiens avaient une seule possibilité d'être susceptibles, c'était sur l'argent. Seulement sur ce fric, ce maudit fric qui restera la religion principale en Indonésie. Tant que tout le monde n'aura pas de quoi manger et vivre, l'écologie et le reste passeront en dernier.

Après avoir payé une addition aussi salée que des acras de morue, à la sortie du *mall*, je vis des *Mercedes* AMG partir dans une pollution sonore infernale, après avoir été ramenées par le voiturier. Des motos sportives étaient garées sur la droite.
Chaque véhicule importé coûte environ trois fois son prix en Indonésie, dû aux taxes. Les

véhicules de luxe ou de sport appartiennent donc aux personnes riches ou très aisées. On ne les voit qu'en soirée, car il y a moins de trafic : les privilégiés peuvent « piquer » des pointes sur l'autoroute vide. De jour, les milliardaires se déplacent en scooter, se mélangeant à la population moyenne ou pauvre.
La route, de jour, est le seul endroit où il n'y a pas de distinction de catégories sociales.

En rentrant à la maison, mon grand-père fit la gueule. Le dîner avait était une humiliation de plus. Une fois dans ma chambre, je commençais à me préparer pour aller dormir.
Opa entra. Il me demanda si j'avais bien mangé, question typique asiatique. Je répondis naturellement que oui. Après un court instant de silence, il me dit qu'il aimerait m'emmener dans son champ de *sawit* (de palme en langue indonésienne).
J'étais déjà au courant qu'il voulait nous amadouer pour que nous nous en occupions, une fois qu'il aurait rejoint « l'au-delà ». Chaque fois qu'il investissait dans quelque chose, il le justifiait par le besoin d'un futur stable de la famille. Cela commençait à sérieusement m'ennuyer.
J'eus envie de lui crier que je ne voulais absolument pas être responsable de la déforestation, des effets nocifs de l'huile sur l'organisme et de ce foutu fric qui devait me pleuvoir dans les mains comme par magie. Cette idée d'huile de palme, berceau de la concurrence avec les oncles et les cousins, finirait sûrement très mal. Je possède déjà une famille déchirée et difficilement recomposée, je ne voulais pas d'un « Tome 2 ».
Peut-on vivre en paix sans créer de dispute familiale gravitant autour de l'argent ? Je l'ignorais. Je l'ignore encore.
Le rôle du riche héritier commençait à m'exaspérer. Cela était certes tentant.
Mais je fus un lâche. Je ne me mis pas en colère. Ce soir-là, je ne m'assumais pas. Pour changer, tient.

« Je vais en parler demain à maman, et on verra, hein » répondis-je de manière évasive.

Quel abruti.

Chapitre 2 : Ruine du Savoir

à Clara

Novembre. An I.

Trois années de ma jeunesse se sont déroulées à l'Université de Bordeaux. C'est à cet endroit là que j'ai découvert le monde réel. Je louais un appartement à Pessac, disposais d'une moto, d'amis et de mes petites habitudes.
Si nous devions résumer, cela consiste en un budget à gérer, une vie seul loin de la famille, une personnalité à découvrir et surtout beaucoup de questionnements. J'ai commencé à observer les personnes, l'environnement, les mœurs et les coutumes. En finissant par construire une réflexion sur ce qui nous entoure.
L'Université se présente comme un lieu de culture. Le travail régulier, intense et approfondi mènerait à la réussite et à un futur prometteur. Donc vers une richesse pécuniaire, intellectuelle et enfin vers une satisfaction de par les diplômes. En anglais, nous pourrions dire : "*The more you learn, the more you earn*". Officiellement, le but est de s'épanouir, d'ouvrir son esprit et de s'accomplir.

Étant intéressé par la diplomatie, je m'inscrivis en 2013 à la Faculté de Droit de Bordeaux.

J'eus des rencontres fantastiques et me fis des amis. J'y trouvais la solidarité, l'amitié, le courage, la détermination, mais aussi la survie. La survie au milieu de tant de pédanterie, de *Mac Book air,* de *trench-coat Burberry*, de lunettes, de concurrence, de mépris et pour finir au milieu de ce sentiment de supériorité inné de l'étudiant en sciences humaines. Ce n'était plus comme le collège de campagne en Picardie que j'avais fréquenté sept ans auparavant : les rapports de force s'effectuaient sur la base de la culture générale, et non sur les muscles.
J'ai gravité dans cet univers impitoyable. L'administration nous traitait comme des gosses. Il y avait une certaine culture de la contradiction, une hypocrisie qui se ressentait jusque dans les murs décrépis des amphis. Le journal féministe *Causette* avait par ailleurs écrit un article spécial sur l'état de l'Université publique. Qu'il s'agisse de la cousine francilienne ayant hébergé Foucault ou bien de la révoltée toulousaine, les travaux sont estimés, en général, trop chers et des milliers d'étudiants découvrent le Savoir dans ces bâtiments habitant encore le spectre redoutable de l'amiante. Le journal avait d'ailleurs parlé d'ambiance « à la soviétique ». Cela doit-il créer un charme, ou tout simplement de l'indignation ? Devons nous forcément nous accomplir dans la puanteur des toilettes bouchées et du gris, costume du bâtiment public à la française?

Nous nous sentions comme des numéros, comme des quotas de sélection.

Vive les étudiants « brillants » ! Je détiens une sainte horreur de cela. Et apprendre par cœur ne voulait pas dire être intelligent. Je ne dispose d'aucun intérêt à être le meilleur.
Au diable les sélections et l'élitisme ! Je veux simplement faire ma part de travail. Donnez-moi ce foutu diplôme, et laissez-moi espérer trouver un petit boulot en CDD sur cette magnifique autoroute qui est celle des études supérieures. Nous avions lancé tout le monde dessus, sûrement par défaut, en dénigrant les formations professionnelles. Le résultat se présentait comme une multitude d'étudiants redoublants, certains en profitant pour les

bourses. D'autres se trouvaient en Master sans pour autant avoir une idée de leur avenir ! Et beaucoup de diplômés changeront carrément d'orientation peu après que le bout de papier que nous recevons en guise de diplôme soit fièrement accroché dans leur chambre.
L'orientation semble terrible en France. Les plombiers débutants gagneraient, d'après certains, quatre fois plus d'argent qu'un jeune diplômé d'Université, et cette « France des petits boulots » détient des secteurs qui se développent, ou qui bénéficient de plans de sauvetage.

Vive l'artisanat !

Personnellement, je crois davantage à l'expérience et au caractère.
Mais, au fond, mon constat n'est que la découverte du monde dans sa réalité. Est-il hypocrite de constater, malgré mes critiques sur l'univers étudiant, qu'avoir un diplôme m'est quand même très utile ? Il me permet de candidater pour un poste d'officier dans l'Armée. Un diplôme certifie en effet un niveau.
L'Université est l'antichambre du monde de la Recherche, mais aussi de celui du Travail. Cet univers estudiantin ne fait que révéler la vraie face de la société. Et encore, le monde professionnel serait davantage compliqué. À ce qu'il paraît.

Je n'ai pas la science infuse, je ne suis qu'un jeune, fraîchement diplômé qui observe et qui réfléchit sûrement trop.

Un jour, je déambulais dans les couloirs de la fac après avoir récupéré mon certificat de scolarité. Cet univers uniforme, gris, et ces personnes dans le couloir, la tête dans les bouquins ou dans les brumes de l'alcool de la veille, ne me faisaient plus rien. On s'ignore. On se frôle. On s'évite.
Une étudiante juriste, belle blonde avec son tailleur saumon et ses grandes lunettes, passa. Je m'apprêtais à sentir son parfum envoûtant. Disons qu'en Droit, nous étions gâtés niveau filles. Leur nombre écrasait celui des garçons. Pourtant, elles « rament » plus que nous, professionnellement. C'est triste.
La principale odeur que je sentis, lorsqu'elle passa près de moi, fut celle des frites du restaurant universitaire. Elle gangrenait les couloirs et recouvrait les effluves du parfum *Chloé.* Le « RU » était en face.

Je rejoignis mes amis justement sur la terrasse du RU. Un des étudiants était vêtu d'un pardessus, d'une écharpe *Hilfinger,* d'un pantalon de velours et de chaussures plus brillantes que mon avenir. L'inconnu, se disant communiste, semblait débattre avec véhémence avec mon ami Nicolas.
Un américain, dans l'un des romans que j'avais lu il y avait des lustres, avait dit :« Les communistes français sont les seuls à s'habiller comme des capitalistes ». Eh bien, la France est un pays de classe...vestimentaire !
Le débat portait sur les manifestations étudiantes. Le personnage était un ami d'Oski, mon compagnon suivant des études d'Histoire dans la faculté. Là-bas, socialisme, communisme, écologisme, LGBTQ, art contestataire et liberté des mœurs sont connus comme régnant en maîtres. Mais aussi, semble-t-il, la culpabilité imposée détenait une place majeure.

Qu'est-ce que cela ?

Eh bien, utilisons un exemple concret : « Quoi, tu n'as pas signé la pétition pour sauver les pétunias d'Ouzbékistan ? ».
Je n'ai aucun avis contre les lanceurs d'alerte, mais je ne supporte pas les donneurs de leçons. Qu'ils crèvent dans leur bière du jeudi soir, payée trois fois leur valeur réelle dans un bar branché !
Quelle hypocrisie. Tout cela pour se donner un genre. Gravitant dans un univers fermé, jugeant sans cesse. Je vous méprise.
Dans ma faculté, ce n'était pas trop la mentalité. Mais on jugeait aussi, et à qui mieux mieux !

Sans vouloir rentrer dans les arguments du révolté de bas étage, je me mis à observer la scène : « Nico », d'habitude impassible, de tendance droitière et pro-européenne, regardait avec sévérité son interlocuteur aux lunettes de trotskiste. Aimant le respect de certaines valeurs conservatrices, il tendait pourtant vers le progrès. Nous ne disposons tous les deux ni du même âge, ni des mêmes opinions. Pourtant, je l'aime bien. De même, il se trouve être un fidèle compagnon de soirée, ainsi que de cours.

Les débats étudiants sont fascinants à observer. Chaque jeune coq (ou poule quand il s'agit d'une fille – mais est-ce approprié ?) donne de lui-même et remet tout en question. Si nous observons attentivement leurs yeux, ils sont généralement remplis d'étoiles. La jeunesse, avec ses idéologies, son espoir pour un monde meilleur et cette volonté de se battre en donnant toute son énergie, en vue d'appuyer son réquisitoire, peut parfois sembler insupportable.
L'étudiant, ne m'ayant même pas serré la main, continuait à s'acharner malgré le regard glacial de Nicolas. Oski était à côté, les yeux dans le vague, essayant de tempérer les propos de son ami, mais n'y arrivait pas vraiment. Quand à Kevin, qui était à côté de Nico, il semblait plongé (que dis-je, immergé !) dans son téléphone.
À un moment, Monsieur-le-Rouge dit « Mais il faut de l'action ! Parler, contester sans cesse et être politisé. Comment peut-on ne pas avoir d'avis sur le cap que prennent nos dirigeants ? Il en est du futur du pays, de nous et des échanges dans la société. Tu ne peux pas, Nicolas, prétendre que nos mobilisations ne font qu'emmerder le monde. On bloque un tram, mais on bloque aussi l'action du gouvernement ».

Nico avait horreur d'être appelé par son nom complet.

« L'action du gouvernement ? Vous bloquez des gars qui doivent aller bosser, ou qui se rendent à leur premier entretien d'embauche : des personnes qui ont besoin d'être à une heure précise quelque part ! L'économie est le moteur de la France, et vous foutez tout en l'air. Vous pensez un peu à ceux qui sont productifs, ceux qui apportent quelque chose à la Nation ? », rétorqua-t-il de suite. Le ton de la conversation était très élevé.
Les personnes autour de nous commençaient à nous regarder. J'avais honte. J'ai horreur de me faire remarquer.

« Et toi, qu'en penses-tu ? », demanda le « Coco » en se tournant vers moi.

Tout d'abord, j'ai horreur que quelqu'un ne se présente pas préalablement. C'est mon côté vieux jeu, il y a certaines règles élémentaires d'éducation. Que l'on soit de droite, de gauche ou même d'extrême centre. Les bonnes manières font les personnes.

De plus, cet individu était le communiste-type que je haïssais J'avais beaucoup étudié ce mouvement, trouvant l'idéologie non inintéressante. Mais cet homme était méprisant.
Le monde étudiant regorgeait de personnes pensant détenir la science infuse. J'ai entendu qu'être cultivé, c'est savoir beaucoup de choses dans plusieurs domaines. On dit aussi qu'il n'y a pas d'Hommes cultivés, mais seulement des personnes qui se cultivent. Je préfère utiliser la formule que disait un collègue de mon père : « On sait beaucoup plus de choses qu'on ne le croit ».
N'ayez jamais un sentiment d'infériorité lorsque votre camarade de classe dispose de davantage de connaissance que vous sur la politique extérieure de la Polynésie au XVIIème. N'oubliez pas que vous avez des connaissances que lui ignore.
Je ne sais pas ce qui est pire. Le jeune cadre dynamique sortant de son école de commerce avec son terrible *frenglish*, ou bien le faux *beatnik* adhérant à quarante causes sur internet.
Moi qui suis habitué à tempérer les choses, à jouer sur la diplomatie et à calmer le jeu, je lui sortis assez brusquement : « N'oublions pas que nous détenons le principe universel de l'ouvrir, mais certains ont manifestement oublié le droit inaliénable de fermer leur gueule ».
L'étudiant était sidéré. Nico esquissa un sourire discret.

Plus tard, je retrouvais Oski sur un banc en face de la bibliothèque. Il se tourna vers moi et me dit : « Tu sais Mat, t'as été assez dur avec mon pote Claude. Je pensais que tu avais plus de tact.
-Oski, ton Claude est bien sympa mais m'est antipathique. Et avec les soucis que j'ai en ce moment, ce n'est pas un gars qui monte de temps en temps sur les barricades, pour ensuite aller se réfugier dans un *KFC*, qui va m'emmerder. La politisation à la fac commence réellement à m'énerver.
-Tu ne peux pas dire ça. Beaucoup se sont battus pour améliorer le statut des étudiants, NOTRE statut et ce n'est pas rien.
-Je ne sais pas Oski, je ne sais pas. Je ne me reconnais plus dans le monde étudiant. J'ai peut-être, au fond, besoin de passer à autre chose.
-Ça va venir Mat'. Plus que deux ans, et tu posséderas le M2 de tes rêves en Sécurité et Défense. Tu pourras bosser dans ce qu'il te plaît ».
Kevin nous rejoignit avec un café. Il avait cet air d'abattement habituel, comme s'il avait passé une mauvaise nuit. Mais c'était tout simplement la fac qui l'avait traumatisé. Les redoublements, la pression familiale et les soucis d'argent avaient pris le dessus. Mais heureusement que nous étions là pour le soutenir.

Ça sert à ça, les amis.

« Ouais, j'avoue, ton type, là, ne sent pas la franchise. Je pars du principe qu'on paye pour un service, mais il y a aussi nécessité à être réaliste. Le travail se gagne à la sueur du front, et si tu bosses pas, bah t'as droit à rien mon p'tit gars », surenchérit-il.

Sacré Kevin. Chaque fois qu'il parlait, on aurait dit un buraliste qui se plaignait (on l'appelait comme ça, soit dit en passant).
« Je suis clairement d'accord avec toi, se défendit Oski. Mais tu ne peux pas dire que l'objectif du gouvernement est de mettre les moyens dans l'Enseignement supérieur, l'Éducation nationale et la Culture. Il ne reste plus rien. Franchement, t'as vu l'état de nos facs respectives ?
-Vu ce qu'elles m'ont apporté, je m'en fous complètement. Vivement l'année prochaine, que

je me casse dans mon école d'immobilier. Là, au moins, c'est du concret, de l'alternance, et mon ticket pour une meilleure vie ».
Kevin avait subi une enfance assez turbulente, mais porte toujours la tête bien sur les épaules. Mon ami du Bassin d'Arcachon détient un mental d'acier. Au fond, même s'il m'arrive d'être excédé par ses réflexions trop appuyées, je l'admire. Il se trouve être un ami honnête, fiable, et qui ne pose pas de question. Cela m'est plus que suffisant.

En marchant vers le tram, Oski remarqua :« Tu as les idées sombres ces derniers temps. Ce que nous essayons de créer, l'École bordelaise de la littérature, doit certes remettre en question les mœurs, mais je trouve que tu plonges dans l'extrême. Ton style commence, d'après les dernières nouvelles que tu m'as envoyé, à tomber un peu - je te demande pardon - en désuétude. Passe au-dessus de tes anciennes frustrations de ton enfance pavée de changements, et lis davantage les auteurs classiques. Je ne sais pas, bon sang, sacrifie au moins deux-trois nuits à potasser des essais philosophiques, à faire des recherches plus approfondies et enfin à prendre du temps pour décrire les lieux. Tu as un don pour écrire, fais-en plus et ne le gâche pas ».

Ouille. Ça faisait horriblement mal.

J'eus envie de le buter. Comme ça, là, devant tout le monde, devant le tram. En plein jour. Je fantasmai de me retrouver subitement en possession d'un pistolet automatique Colt modèle 1911.
Mais avant cela, je voulais lui crier que jamais je ne tournerai la page sur mes anciennes frustrations. L'écriture est un défouloir, et me permet d'oublier mon passé.
Ensuite, je refusais de sacrifier des nuits de sommeil – dont j'avais cruellement besoin – pour lire des essais philosophiques ou littéraires. Oski veut sans cesse s'améliorer, se rapprocher du top niveau. Il admire les étudiants des grandes écoles, alors que je m'en méfie, ne les trouvant pas assez proches de la réalité et de ses enjeux réels. Je pense aussi qu'ils partent du principe que tout leur est donné, et que la modestie n'est pas au goût du jour. Réussir ne nécessite pas de passer forcément par les grandes écoles, et je veux prouver que l'on peut s'en sortir aussi en utilisant les moyens publics, tels que les facultés d'État. Mais je dois cependant avouer que le contenu des cours des grandes écoles est de qualité, et que ceux qui étudient pour l'amour du Savoir doivent sûrement être satisfaits de leurs enseignements.
Au fond, je veux écrire comme un simple étudiant. Nous sommes beaucoup plus à penser et à angoisser que ce que nous croyons.
Le dernier épisode de la série *Bref* illustre grandement cela. Si nous assumions que nous n'étions pas les seuls à nous poser des questions, et à chercher le pourquoi de notre présence, le monde irait déjà beaucoup mieux. Nous avons toujours l'impression d'être seul face à la société, alors que c'est nous-même qui la composons. Le plus grand obstacle de chacun serait-il soi-même ? C'est la raison majeure pour laquelle j'écris. Il faut commencer par assumer et par aimer qui nous sommes, et arrêter de courir derrière un modèle idéal. Bon sang, la société est composée de tellement de personnes différentes qui essaient de se démarquer, ou au contraire d'appartenir à un groupe, que l'on ne s'y retrouve plus.

Aimez vos imperfections. Comme le revendique un célèbre site de rencontres.

Pour finir, jamais je ne tomberai dans la description maximale dans mes ouvrages qui irait

jusqu'à l'essence même des choses, résultant souvent d'une masturbation intellectuelle de certains auteurs. Je préfère plutôt être dans la réflexion et le mouvement. Donner un dynamisme au lieu de faire perdre le fil de l'histoire à mon lecteur.
Je veux écrire vrai. Jusqu'à ce que je n'ai plus rien à dire. Peut-être est-ce vrai, que ce que j'écris gravite autour de la mélancolie, du regret et de la tristesse dans la monotonie. Mais comme je le disais, l'écriture est un défouloir. En général, je suis vu comme un être sympathique et plutôt drôle, paraît-il. Mes *coups de blues* arrivent le soir, quand je suis seul, ou tard en dans les fêtes étudiantes. Et je les aime.

Au lieu de jeter à la figure d'Oski tout cela, de le rouer de coups ou de l'étrangler, je me murai dans le silence. Combien ai-je regretté de n'avoir rien dit.
Au fond, peut-être que ce qu'il avançait n'était non pas pour me critiquer, mais, au contraire, pour m'encourager à faire mieux. Je n'aime pas faire « mieux », mais cela partait d'un bon sentiment. Oski avait foi en moi.
Au début, je ne m'en rendais pas compte. Et comme un sot, je lui en ai voulu longtemps.

Combien de jours gâchés par la haine.

Foutue fierté.

Chapitre 3 : Balade helvétique

à Solène

Décembre. An I.

« Mat, tu ne peux pas savoir à quel point j'aime les femmes ».
Je me remémorai soudain de cette phrase, prononcée par Oski, lorsque j'aperçus la photo d'une femme souriante, blonde aux yeux clairs, à la peau blanche comme neige. L'affiche publicitaire vantait les mérites d'une crème anti-âge.

Si nous ne pouvions même plus assumer nos propres rides, alors où allions-nous ?

La période des fêtes approchait à grand pas et à coups de « Ho, ho, ho » du Père Noël devant les magasins suisses. Le froid se sentait sur les visages.
Des voitures dont j'ignorais jusqu'à leur l'existence, tellement le modèle était jugé de prestige, roulaient au pas, à cause du trafic des sorties de bureau. Décidément, ce pays qu'est la Confédération helvétique m'étonnera toujours. Le consumérisme y est très fort, mais tout baigne dans une sérénité impressionnante. Il est normal de bien gagner sa vie, ici.
Le lac de Lugano est magnifique. En matière de paysage, les montagnes surplombant l'étendue d'eau, bordée de petits chemins bien entretenus et de boulevards dénués de nid-de-poule, me procurent une forte sensation de bien-être.
J'aime la Suisse car il se trouve que c'est l'un des rares endroits où je ne pense plus aux problèmes liés aux mœurs de la société et à l'environnement estudiantin bordelais. Tout semble serein, calme, possible.
Ma mère et moi étions sur le chemin pour aller nous promener à Lugano. Pour cela, il fallait d'abords prendre le train. Le but de la balade était aussi de s'arrêter dans un magasin de décoration et d'art intérieur, ce que je détestais, mais accompagner ma mère que je ne voyais pas souvent était plaisant, et me sortait un peu de la maison de montagne. Je n'allais pas tous les jours en ville. Ma maternelle me promit un chocolat chaud en terrasse chauffée.

Comment aurais-je pu refuser ?

Pour en revenir à la phrase d'Oski, ce dernier me l'avait énoncée lorsque nous refaisions le monde, regardant le ciel dégagé d'une nuit d'été, lors d'une soirée à la maison de Nico, en plein cœur du Limousin. Je ne me souviens pas de quoi nous discutions, si ce n'est qu'il me sortit cette affirmation juste avant de se précipiter aux toilettes pour vomir. Il fut incapable d'aligner une autre parole pendant tout le reste de la soirée.
Oski et moi écrivions des nouvelles, parfois ensemble. L'idée nous avait même traversé d'écrire une thèse sur l'usage du *perfecto* en cuir noir, ce blouson dorénavant très présent dans les rues. Ce vêtement revenait à la mode, même s'il n'avait jamais été complètement démodé. Mais les individus le portant se trouvaient-ils être au courant que cet habit, fabriqué d'abords comme équipement de protection pour les motards roulant en Harley-Davidson dans les années 50, devint plus tard un symbole du *rock*, des bagarres entre bandes et des mauvais garçons ? Mon ami utilisa d'ailleurs ce thème pour son premier roman, intitulé *Blouson noir*.

J'étais peut-être celui qui écrivait depuis le plus longtemps, mais Oski me devança en publiant son œuvre lorsque l'été arriva à sa fin. Je ne peux que le soutenir dans son projet, et je suis fier de lui. Il est rare de trouver quelqu'un possédant la même sensibilité que soi et surtout ce même besoin de l'exprimer par l'écriture. C'est pour cela que nous sommes si proches.

Des filles montèrent dans le train. Elles étaient toutes belles, distinguées, propres, avec un regard clair et des cheveux blonds ou châtains.
Aviez-vous remarqué que les pays « riches » regorgeaient souvent de jolies femmes ? Je ne sais pas si les deux éléments sont liés, mais c'est une simple observation.
On m'expliqua que cela avait toujours été ainsi, que l'argent attirait les belles personnes et perpétuait donc leur espèce. J'étais en couple, mais je dois avouer que j'étais de l'avis d'Oski. J'aime les femmes, et j'adore regarder leur style vestimentaire. Je n'osais pas le leur dire, de peur de passer pour un obsédé, mais certaines femmes portaient très bien leurs habits. Et tout cela parfois sans aucune pensée sentimentale ou sexuelle. Je me demande souvent comment je me comporterais si j'étais une femme. Serais-je coquette ? Féministe ? Rebelle ? *Shopaholic* ? Prude ? Cela m'amusait beaucoup.
Mon ami John, *bodybuilder* professionnel et grand partisan de la beauté du corps masculin, disait : « Être un homme se mérite, arrêtez d'être des putes ». J'espère ne pas te décevoir, amigo.
Comment être un homme ? Y aurait-il un mode d'emploi ? Faudrait-il trouver le juste milieu entre le viril et le métrosexuel ? Surtout que l'intéressé a affirmé que « chacun de nous a une part de bisexualité ».
Le mieux serait d'assumer la personne que nous sommes. Certes, facile à dire.
Il sera toujours dur de s'assumer. Dites-vous que ceux qui vous jugent ont aussi du mal à se trouver. Ou bien ils ont une idée erronée d'eux-mêmes.

Ou alors ce sont tout simplement des abrutis.

Les jeunes femmes ne regardèrent pas dans ma direction, même si elles étaient en face de moi, à quelques sièges devant.
Une personne qui ne semble pas être intéressée par vous peut se trouver être plus attirante qu'une personne qui l'est. Ah, se faire désirer.
Pourquoi sommes-nous sans cesse en quête de ce dont nous ne pouvons pas posséder ? Cet éternel manque, illustré dans le titre *I can't get no statisfaction* des Rolling Stones, nous achèvera tous un jour. Et si nous essayions juste d'être heureux avec ce dont nous possédons ? Ce culte du « sans cesse avoir plus » se présentera toujours à moi comme un mystère.

Les poteaux tout au long du chemin de fer nous rappelaient que nous étions sur un chemin déjà tracé, rien que pour nous, les passagers du train. C'était angoissant, car je me sentais comme sous contrôle, et ces grandes tiges de fer semblaient des gardes nous escortant jusqu'à l'échafaud.
Ils passaient sans cesse devant nos yeux. Notre cerveau s'habitue à ne plus les voir, mais lorsque nous nous rendons compte de leur présence, il est impossible de ne plus les remarquer. Cela est terriblement malplaisant.
La fin du calvaire se présenta par le terminus. Descendus à la gare de Lugano, mêlés aux bonnets et aux écharpes colorées, nous étions parmi les autres piétons se précipitant pour les achats de Noël. Cependant, ils le firent de manière « suisse », c'est-à-dire de façon calme et

disciplinée. Le froid nous fouetta doucement au visage. La vue sur le lac était relaxante.
Dans le grand magasin *Migros*, ma mère me fit renifler les senteurs de *Fleur d'oranger et tilleul,* de *Lavande de Provence* et enfin de *Thé blanc et cannelle* au premier étage.
Je commençais à trouver le temps long, jusqu'à ce qu'elle me fît sentir *Cuir et bois.* Je fus immédiatement transporté dans un chalet, en montagne, éclairé par quelques lumières modernes, avec une barbe coiffée à la crème de cèdre et une hache posée à côté du feu de cheminée. Il est incroyable de se rendre compte à quel point les senteurs peuvent vous faire voyager, voire vous emmener dans une autre dimension. Je choisi cette senteur, en vue de parfumer ma chambre. Ma mère approuva avec un sourire.
Sorti du bâtiment surchauffé, je me trouvais en sueur. Cela était gênant, car le froid me prit violemment dans la rue.
Nous nous promenâmes encore un peu dans les rues de la ville, entre les magasins emblématiques de montres suisses et les chocolateries. Tellement de choses semblaient impossibles à posséder. Mais au fond, même en Union européenne, le concept de « lèche-vitrine » reste le même : on regarde sans acheter.

Le jour suivant, je descendis à la frontière. Durant cette période, je lisais Hemingway, en particulier son œuvre *Paris est une fête*. Je remarquai que cet écrivain parlait vrai, sans filtre et essayait de faire passer son style, même si cela aurait pu lui apporter une célébrité uniquement posthume. Il ne mâchait pas ses mots, se brouillait avec d'autres poètes et écrivains, critiquait et se battait sans relâche pour survivre avec de maigres revenus. Les écrivains américains contemporains ne sont pas ma tasse de thé, mais celui-ci changea la donne.
L'Américain s'installait dans les grands cafés de Paris pour poser sur papier ses notes, et aussi pour trouver son inspiration. Cependant, je préférais les bistrots populaires, avec ambiance intense, où l'agitation régnait en maître et où le *brouhaha* de la ville se ressentait jusque dans les murs.
Cette confusion ÉTAIT la vie réelle. Pourquoi s'isoler de la réalité alors que nous écrivons sur la vie de tous les jours ? Je me sens obligé d'être dans la cohue pour légitimement écrire dessus. Pour en être imprégné.
Ce fut à ce moment-là que s'imposèrent l'« assumé », le « vrai » et le « sans filtre » comme caractéristiques de mon style d'écriture. Pas de recherche de la gloire, mais une simple envie de produire.

Je traversai la frontière entre la Suisse et l'Italie à pied. Et dire qu'après avoir passé un pont, tout différerait ! L'architecture des bâtiments, l'état des rues, les mentalités... et surtout les prix. C'était pour oublier la mentalité suisse très précise, et pour retrouver la détente légendaire italienne, que je venais de temps en temps du côté italien. Le café était seulement à un euro, au lieu de quatre francs suisses.
Y a-t-il de l'orgueil à vivre d'un côté précis d'une frontière ? Garde-t-on jalousement ses richesses ? Que se passe-t-il de l'autre côté ? Y a-t-il un meilleur futur, de belles opportunités ?
Ou bien le mal, la corruption et la saleté ?

La partie italienne se trouvait en travaux. Ce qui n'empêchait pas un trafic assez important entre les deux pays. Et dire qu'un seul fleuve sépare ce qui est dirigé par Rome de ce qui l'est par Berne !
Une frontière n'est que politique. Ce sont les Hommes qui instaurent des barrières. Les

paysages sauvages ne varient pas aussi subitement. Et s'ils diffèrent, c'est seulement de par les aménagements du territoire. Du moins, pour ce cas précis.
Contrairement à l'autre limite que je connais, celle entre l'Italie et la France au niveau de la ville de Menton, je n'aperçus pas de migrants refoulés à la frontière.
Il m'était déjà arrivé de déjeuner avec vue sur la mer, sur le ciel bleu, sur le vieux port de Menton et enfin sur des migrants en train de rôtir au soleil. Un sentiment de culpabilité m'avait pris, et j'avais trouvé mes spaghettis aux fruits de mer subitement fades.
Cependant, à cette frontière entre la Suisse et l'Italie, l'activité est différente. À part réprimander les touristes suisses-allemands qui ramènent un poids de viande de l'Italie dépassant les quotas suisses, le poste de douane semble être très calme. Être douanier ne doit pas être si compliqué, de ce côté. Je dois cependant avouer que je ne connais pas beaucoup ce métier.

Je m'assis à un bistrot tenu par une femme asiatique. Après avoir commandé un café, j'aperçus une voiture passer. Je remarquai une tête féminine me dévisager assez longuement. Elle ressemblait étrangement à Anna, une de mes anciennes amantes. Je fus troublé pendant un court moment. Mais je me ravisai brutalement. Qu'est-ce qu'une Moldave, étudiante à Bordeaux, irait faire à cette frontière entre l'Italie et la Suisse ? Cela n'avait aucun sens.
La voiture disparut rapidement.
Je continuais à regarder les véhicules passer, comme les vaches regardent les trains. Il y a une certaine sérénité, une hypnose, et même un sentiment de protection qui se dégage de cette pratique. Cela démontre que les choses continuent d'exister, que la Terre continue de tourner et qu'un ordre immanent est toujours respecté. Dorénavant, je comprends mieux les bovins.

Une femme d'une soixantaine d'années se promenait avec un t-shirt où il était inscrit en français « C'est la vie ». En effet, ça l'était.
L'acceptation de la situation telle qu'elle est, en plus de l'attente inlassable du bonheur : ce concept était illustré par les commerçants italiens debout sur le pas de la porte de leur magasin, guettant les possibles clients qui contribueraient à leur chiffre d'affaire du jour. Oui, cela est la vie.
Un commerçant de légume Égyptien vint s'asseoir à côté de moi. Il connaissait la patronne du bistrot, une Chinoise qui était très concentrée sur sa caisse. Après s'être enquit de me demander sur quoi je travaillais, et après avoir admiré ma détermination à écrire, il m'invita à déjeuner sur la terrasse même, au milieu du *brouhaha* des voitures, des piétons et des douaniers. Il m'offrit des parts de pastèque venant de son magasin. Elles s'avérèrent être succulentes.

J'apprécie énormément l'hospitalité orientale. Cela me rappelle qu'une solidarité est encore possible entre nous, et me rassure sur le futur.
Je souris, dégustant avec voracité mon plat, laissant mes préoccupations s'envoler avec les gaz d'échappement des voitures, chargées d'un poids excédentaire de viande.

Chapitre 4 : Une certaine conception de la liberté

au Club de Moto

Mai. An II.

« La voiture déplace le corps, la moto déplace l'esprit ». C'est une phrase lue sur *Facebook*, postée par une amie débutante en deux-roues.
La moto est ce que j'aime le plus après l'écriture. C'est le deuxième moyen non complexe permettant d'accéder à la liberté.
Le trafic ? Aucun problème à se faufiler entre les files de voitures. Les places de parking ? Le trottoir convient très bien. Les sensations ?
À cent pour cent.
Pendant que Dieu distribuait la passion pour le foot, mon père m'apprit à piloter mon premier guidon d'usine lorsque j'eus cinq ans. Je ne le savais pas encore, mais ce passe-temps m'emmènerait aux frontières de l'extase existentielle et de l'adrénaline. Cela contribuait à faire ressortir nos pires côtés, plus le poignet enroulait du câble, comme nos meilleurs, lorsqu'un gamin ébahi se laissait tenter d'essayer notre casque, lui donnant des allures de robot drôlement difforme, mais très mignon.

Le deux-roues fait ressentir une sensation de chevalerie moderne. Un certain code, implicite, demeure entre motards. L'obligation de s'arrêter si un pilote malchanceux se trouve en panne au bord de la route, ou bien celle de se saluer lorsque l'on croise.
De plus, avec mon groupe de motards, il nous arrive, avant de commencer notre bière, de trinquer en l'honneur des nouveaux frères venus rejoindre la grande confrérie des motards, et aussi de saluer la mémoire de ceux qui sont tombés dans les bras impitoyables du goudron. Cette mentalité, peut-être due à la dangerosité du passe-temps, à sa difficulté ou à cette liberté, nous unis avec ce code d'honneur. C'est comme une drogue.
Une semaine sans moto me fait ressentir le manque de la sensation du vent, des virages et de l'accélération. Ma soumission aux éléments naturels et des composants mécaniques m'est indispensable.
La voiture est d'un ennui avec le trafic.

Il nous était arrivé, un jour, à un feu rouge d'Arcachon, en faisant hurler les moteurs, d'attendre que le feu nous illumine de son beau vert standard. Un petit « quatre cent mètres » se préparait. La jeunesse fougueuse, ce sentiment de puissance et cette acceptation, malgré tout, de la possible chute finale, dynamisait nos jeunes mentalités. Nous n'étions plus des étudiants quelconques. Nous étions des motards. Les derniers rebelles de la société. Un sentiment d'anarchisme démesuré nous envahis, mêlé aux odeurs d'essence et à la chaleur du moteur. La folie s'emparait de nous.
Soudain, un homme en fauteuil roulant électrique, avec une casquette *Harley,* s'était mis à notre hauteur au feu. Il me regarda, et dit gentiment : « Vroum vroum ».
Nous rîmes de bon cœur avec lui. Il nous avoua que lui aussi avait pratiqué la moto.

« Avant ».

Il avait regardé ma *Honda* avec un air qui mélangeait mélancolie et regret. Son visage expressif me restera pour toujours imprimé dans la mémoire.
Le feu passa au vert. Nous lui dîmes prestement au revoir, avec un sourire solidaire, en lui souhaitant mentalement tout le courage nécessaire. Nous avions au final roulé tranquillement. À partir de ce moment, nous jurâmes de trinquer aussi à ceux qui ne pouvaient plus goûter au plaisir des senteurs d'essence et du cuir. Nous les respecterions, tels des vétérans disposant de l'expérience nécessaire à revendiquer la sagesse.

Rouler ou mourir. Vivre, sans pouvoir remonter en selle, nous semble insupportable. C'est peut-être pour cela que je suis dorénavant plus tranquille au guidon de ma monture.
Il y a une inexplicable personnification de la machine. Ma meule est mon cheval, ma compagne, mon doudou, et parfois ma raison de vivre. À pied, je n'ai aucune fierté. Heureusement, ma dulcinée n'est pas jalouse, ce qui est rare pour une copine de motard.
C'est cul-cul, pas vrai ? Étrangement, le fait de ne pas être protégé nous procurait cette fameuse sensation de liberté extrême. Peut-être que l'exposition au danger nous amenait à flirter avec une libération des chaînes de la sécurité, nous faisant enfin sentir vivants. Cela pourrait même s'appliquer à la vie de tous les jours : ne dit-on pas que les zones de confort sont les tombeaux des rêves ?
Il est utile de préciser qu'en voiture, je respecte TOUTES les limitations de vitesse. Avec la bécane, je ne peux pas vraiment en dire autant. Que voulez-vous, c'est cela, se faire transporter : on se défoule, mais c'est un moyen thérapeutique pour nous faire goûter à la sérénité. Mon père, même enrhumé, enfourchait volontiers sa moto, et rentrait plus en forme que jamais, malgré sa grande exposition au vent. C'est la plus belle des magies.
Piloter un monstre mécanique avec un équilibre précaire stimule de la dopamine ET de la sérotonine. Le plaisir se voit être durable et intense.

Est-ce cela, le point le plus proche du bonheur ?

« T'as vu le moteur de la *Guzzi* ? Il est énorme, s'étonnait David.
- Ouais, mais ça on s'en fout, le plus important est le *stunt*. La MT07 est juste un truc de taré en la matière, contesta Jim.
- C'est dégueulasse, une MT. Ça ressemble à rien, où est le plaisir ? protestai-je.
- Mon cul Mat ! Tu sais comme moi que ton *trail* n'avance pas. En plus, ce genre de machine est mauvais autant en tout-terrain que sur la route, remarqua malicieusement « Brochette », notre chef de bande, le propriétaire de notre QG. Je n'ai jamais su son vrai nom, et il ne désirait nullement le dire.
- Et bien, c'est polyvalent, me défendis-je. Excellent nulle part, certes, mais très bon partout. De toute façon, tu as un scooter modifié en « Café racer » qui tourne au *Ricard*, alors ferme ta gueule ».

Ah, ça c'était une vraie discussion. Nous étions autour du feu, en faisant rôtir nos saucisses.
Le week-end, j'allais me réfugier dans la campagne aux environ de Lacanau, proche de l'océan Atlantique, chez Brochette, pour échapper à la confusion bordelaise et à l'environnement estudiantin. Je sentais que les discussions universitaires, qui n'étaient pas forcément les meilleures d'ailleurs, laissaient place à une problématique plus importante : « Putain, il est où le *kick* de la XL ? Faites gaffe quand vous faites des roues arrière, bordel. On perd des pièces facilement sur ce moulin ».
Sacré Brochette.

Chacun avait des occupations différentes. Jim était en école de commerce, David en école d'informatique, Brochette bossait comme mécano et j'effectuais un Master 1 en Politique comparée à la fac. C'était la pause hebdomadaire, où l'on pensait à autre chose. Un peu de travail manuel aère la tête, et permet d'attaquer la semaine en étant plus détendu.

Dans le jardin de Brochette, il n'y a jamais de silence. Si le *rock* que les enceintes de la maison hurlent ne suffit pas, il y a toujours un camarade qui essaie de glisser sur l'herbe ou qui effectue des *wheelings* avec la petite moto enduro dont dispose le club.

C'est beau, le calme de la campagne.

Nous sommes tous égaux : qu'importe la cylindrée de la bécane ou bien la marque, le respect est la seule norme. Nous sommes libérés de la plupart des règles morales et de droit commun dans l'enceinte du vaste jardin. Nous pouvons rouler, faire du *stunt*, boire et manger comme bon nous semble. Et surtout rire ressentir, pleurer pour enfin être soutenu par ses frères.
C'est une petite oasis de paix.
Pour finir, la solidarité souligne la force de nos rapports. Si l'un de nous a un problème de moteur, de carénage ou de roues, Brochette répare gratuitement nos joujoux, à part le prix des pièces qu'il faut évidemment régler.
Nous vidangeons les cerveaux rincés par la semaine, et laissons de côté les tensions quotidiennes, juste le temps d'une journée.

Brochette, après toutes les bières ingurgitées, se releva avec peine. L'odeur des merguez se mélangeait avec la senteur des pins. Mais aussi avec l'odeur de l'essence, après une heure de glissades sur l'herbe par la petite moto enduro rouge du club. Le temps était splendide.
« Et si, mes couilles, on allait faire un tour au lac ? Perso, je garde mon maillot pour rouler. Je monte derrière David, vu que la mob est HS.
- Ouais, et même, c'est mieux, vu ton état, dis-je. Mais je mets mon pantalon par contre. Pourquoi bois-tu toujours autant, bon sang ?
- Mat, il faut que tu saches que je n'ai pas de problème d'alcool. J'ai juste des problèmes d'argent » répondit Brochette.

Cette phrase me fit l'effet d'une balle. En y réfléchissant bien, ce qu'il venait de dire relevait tout simplement du pur génie. Mais sur le moment, je ne m'en rendis pas compte.
« Carrément, s'exprima David. Passe-moi le feu, je m'en grille une dernière avant ».
Jim accepta de même, et après avoir parlé encore moteurs et modèles de sportives, nous nous équipâmes. Les tongs, shorts et torses nus cédèrent leurs places aux casques, blousons, gants et aux chaussures fermées.

Mon moment préféré.

Nous nous transformions en *Robocop*. C'est l'uniforme de notre liberté, la seule protection contre les doigts vengeurs du bitume. Notre armure de chevalier.
Après avoir vérifié la pression des pneus, le niveau de liquide de refroidissement, d'huile moteur, le contenu du réservoir et enfin la tension de la chaîne, nous fûmes prêts pour le *raid* en direction de l'étendue d'eau se trouvant à cinq kilomètres de la maison. Mes joints *spi*, contrairement à la dernière fois, étaient aussi imperméables qu'un ciré *Cotten*.

Jim alluma le moteur de son *Harley* de 1984. Le bicylindre en V faisait trembler avec plaisir nos cages thoraciques, et le bruit nous envoûta rapidement. Sa bécane était bleu électrique, mode des années '80, et l'intérieur de ses pneus se déclinaient en blanc.
David fit vrombir sa routière japonaise moderne. Elle était très rapide, mais les freins se trouvaient être très approximatifs. Une véritable faiseuse de veuves.
Pour finir, j'appuyai sur le démarreur électrique de mon monocylindre bleu foncé *Honda* du début des années 2000, réconfortant avec son petit « pom pom pom ». On aurait dit un chalutier partant au large. Cela donnait des envies de voyage.
Ce mono était un *trail*, donc comportait une accélération importante mais vise une vitesse de pointe plus modérée. Cependant, grâce à ses pneus mixtes, il passait sur tout type de chemin et était reconnu pour sa fiabilité.
Ce concerto de moteur me fit frémir. On ressentait la puissance des machines. Nous ne faisions plus qu'un avec la monture. Dessus, nous semblions invincibles.
Un sourire niais se dessina sur nos visages. Nous accélérions follement, pour produire le maximum de bruit. C'était bête, inutile et mauvais pour la nature. Mais que c'était drôle.
Nous sortîmes par le petit portail que Brochette referma soigneusement, puis ce dernier sauta comme un diablotin sur la place passager de David en criant « Allez, Hue cocotte ! ».
Inutile d'en dire plus. Nous nous élançâmes sur la route de campagne à vive allure. De par mon accélération, je me trouvai en première position, mais fus vite rattrapé par le reste de la bande au bout de deux cents mètres. Ils me déposèrent littéralement sur place.
J'eus envie de pleurer. La fougue, l'irresponsabilité, oui, la moto réveille l'anarchiste qui est en nous.

J'avais eu un accident de moto, étant adolescent. Ayant fait la course contre un ami sur une piste cyclable en Picardie, j'avais déboulé sur la route et étais rentré dans l'arrière d'une voiture. Cette aventure me laissa un souvenir indélébile sous forme de cicatrice au menton, là où le casque s'était détaché au contact du bitume.
Cependant, je porte cela comme une cicatrice de guerre, un tatouage, un trophée, et non comme un remord.

Le paysage défilait. Nous nous faufilâmes entre les voitures assez rapidement, telle une tribu indienne allant en guerre. Celles-ci nous laissaient passer, se décalant sur le côté droit, comme si une règle implicite, indiquant un passage à laisser obligatoire pour les deux-roues, unissait tous les usagers de la route. Nous les remerciâmes avec un geste du pied, symbole coutumier de courtoisie entre motards et automobilistes. D'autres chevaliers nous saluèrent, et nous leur rendirent évidemment leur salut. C'était génial.
Le soleil, une légère brise, la puissance, la jeunesse et la vie devant nous. Étrangement, moins nous étions protégés, plus nous allions vite.

Était-ce cela, vivre sa vie ?

Nous arrivâmes sur le parking en face du lac, en soulevant la poussière juste au niveau du nez des clients en terrasse d'un restaurant étoilé.
Garés sur la plage, alignés, nous décapsulèrent chacun une bouteille de bière et nous nous mîmes en maillot de bain. Libérés de notre uniforme et de notre sueur, tout sourire, nous fîmes le compte rendu rapide des sensations et des faits qui s'étaient déroulés pendant le court trajet reliant la maison de Brochette à la plage du lac.
David pensait avoir perdu Brochette, qui était passager, en levant la roue arrière de sa

bécane. Jim avait fait un doigt à un motard qui ne nous avait pas salué, et pour finir je n'excluais pas avoir frôlé la catastrophe en glissant sur le sable à l'arrivée. Nous nous traitâmes de « branques » les uns les autres.
Quel beau moment.
Jouant avec un ballon de rugby, nous décidâmes que celui qui ne le rattraperait pas devait finir jeté à l'eau par les autres.
Étant aussi doué en sport de balle qu'en Droit, je fus le premier condamné, et préférai me jeter de mon plein gré dans l'eau fraîche plutôt que par les autres de force. Nous étions au printemps, mais l'eau était douce.
Je pris tellement de plaisir à nager que j'y restai. Les autres, étonnés, croyant à un froid extrême de l'eau du lac, me rejoignirent cinq minutes après. Je les éclaboussai. Jim alla se soulager dans les roseaux, et nous lui lançâmes la balle pour l'emmerder. Ce fut efficace.

Ce qui différencie l'âge adulte et le retour à l'enfance, c'est ce que nous éprouvions en ce moment même.

L'insouciance.

Chapitre 5 : Panorama vu du bas de la Dune

à Cédric

Août. An II.

L'été tapait fort sur le Bassin d'Arcachon. Les touristes affluaient de part et d'autre pour visiter la région qui avait abrité la trilogie *Camping* et le succès *Les petits mouchoirs*. Je n'omettrai point d'énumérer les autres intérêts de la région, tels que l'océan, les longues plages, la nature encore très présente, la proximité avec l'internationale Bordeaux, le folklore, les huîtres, les pins et pour finir sa position non loin de l'Espagne.

Le point phare du Bassin est la Dune du Pilat. Véritable montagne de sable s'élevant à une centaine de mètres de haut et qui s'étend sur trois kilomètres de long, elle offre un panorama sur l'eau, le Banc d'Arguin, l'entrée du Bassin et enfin sur la forêt des Landes, immense et à perte de vue. On dit même qu'on peut apercevoir les Pyrénées par beau temps. Personnellement, cela ne m'est jamais arrivé.
Les visiteurs arrivent en masse pour la grimper. Après s'être garés sur un parking en terre battue, au milieu des pins, ils passent par un chemin bordé de magasins souvenirs et de restaurants. Suite à ce passage, ils voient s'élever devant eux la Dune, en sortant du bois. Les plus téméraires montent par le sable, les autres par le petit escalier en dur.

J'étais en vacances d'été. Ayant besoin d'expérience professionnelle, en vue de remplir mon CV, ainsi que mon portefeuille, je fus accepté comme « Agent d'exploitation et d'entretien » à la Dune. Mon job saisonnier consistait à gérer le flux du trafic dans le parking, à guider les voitures vers leur place mais aussi à m'occuper des poubelles, de la réparation des barrières en bois (appelées « ganivelles ») et enfin du nettoyage des toilettes. Le tout en équipe. Il était nécessaire d'être polyvalent, et cela tombait bien car j'adore avoir des tâches différentes. Nous disposions chacun d'un vélo tout-terrain, d'un uniforme estival (un polo rouge, des chaussures de sécurité et un short technique bleu), ainsi que d'une radio. Nous bénéficions d'une certaine autonomie : chacun s'attribuait une partie du grand parking et devait s'en charger. Les responsables nous offraient leur entière confiance, et nous produisions en général du bon travail.
Une journée particulière s'annonçait. Nous étions au début du mois d'août, *Bison futé* indiquait « noir sur les routes ». Nous étions chacun à notre poste. Ma petite-amie s'occupait d'accueillir et de renseigner les visiteurs sur la formation de la Dune à travers les années, sur la gestion du site et pour finir sur les autres points d'intérêts à visiter autour. Elle avait deux autres collègues pour l'épauler dans cette mission.
Cependant, les touristes passaient tout d'abords par le parking. Nous étions donc leur premier contact, étant éparpillés un peu partout sur ce que nous appelions « le Parc ». Mes responsables tenaient la caisse avec d'autres saisonniers agréés, et restaient à notre écoute en cas de pépin.
L'avantage de cet emploi est de travailler à l'extérieur. Nous bougions tout le temps, ce qui me changeait de mes heures à la bibliothèque pendant l'année scolaire. En revanche, il était possible d'avoir des contacts avec certains touristes turbulents, ce qui demandait un grand sang-froid pour ne pas les envoyer aller se faire mettre.

Après avoir passé plusieurs heures à rouler au pas de course d'un escargot, et être arrivé dans un parking complet ou fortement rempli, il est vrai que cela pouvait en effet chatouiller les pires instincts des visiteurs. Je ne peux cependant point oublier les visages sympathiques, remplis de curiosité et d'émerveillement en visitant ce site protégé, tout sourire, nous souhaiter une bonne journée, et surtout : « Bon courage ». Nous étions abrités par les pins mais il arrivait de travailler en plein soleil, sous quarante degrés pendant plusieurs heures. Cette simple parole, si anodine, nous redonnait entièrement confiance en l'espèce humaine par cette gentillesse gratuite et pourtant peu exprimée. Je vous encourage à le faire le plus souvent possible, vos journées et celles des travailleurs n'en seront que plus belles.

Une collègue appela un jour à la radio. C'était Matylde, appelée « Matou », une saisonnière de mon âge :
« Euh...quelqu'un pourrait-il venir ? Il y a un monsieur qui se plaint avec son camping-car, je ne sais pas pourquoi ; une histoire de branche. ».
Code rouge. J'appris au début du mois de juillet que certains camping-caristes, possédant de véritables machines de guerre, éraflaient leurs toits à cause des branches d'arbres. Ceux-ci ordonnèrent de couper les accusées, tandis nous ne pouvions le faire si facilement, le site étant protégé.
Je me ruai donc au secours de ma collègue. Mon vélo me propulsa rapidement sur le parc, au milieu des visiteurs ne s'y retrouvant pas parmi tous ces arbres.
J'arrivai près d'un camping-car dépassant en largeur la maison de mon grand-père. Sans exagérer. Matylde, semblant être à bout de nerfs, tentait de raisonner le conducteur, mais ce dernier avait l'air d'être fortement préjudicié.
« Faut me couper ces branches là, ça me raye tout mon toit ! Vous savez combien ça coûte en réparation ?! » nous reprocha-t-il.
Il était imposant, en marcel bleu dégoulinant, et avec une grosse moustache blanche. Le monsieur devait sûrement avoir soixante-dix ans. Les moustaches étant la mode chez les jeunes, je pensais malgré moi qu'il aurait quelques cours à donner aux imberbes essayant de se faire pousser un style. Quelle classe !
Après qu'on lui ait expliqué le Code de l'environnement en bref, le charmant personnage demanda à voir un responsable. Je demandai donc à la radio, non sans colère contenue, à ce que notre chef vienne. Mon talkie-walkie grésilla : « OK, j'arrive Mat. »

Il avait l'air d'être de mauvaise humeur, lui aussi.

Trois minutes plus tard, mon recruteur vint expliquer en termes plus concis que l'interdiction de couper ces branches était irrévocable. Ses lunettes noires, son air déterminé et sûrement un peu de colère suffirent amplement à calmer le vacancier. Il ne sert à rien de parler à un abruti en s'appuyant sur la matière légale. Une simple phrase légèrement teintée d'énervement renverse le rapport de force. Il est d'autant plus vrai que s'adresser à un responsable qui sortait de quatre heures de comptabilité, enfermé dans un bureau tandis que toute l'équipe se trouvait à l'extérieur, relevait d'un grand courage et surtout d'un peu de folie.
Mis à part cette situation, la journée se déroula sans grand encombre. Mon ami d'université, Kevin, qui m'avait permis de trouver ce travail, et qui y bossait déjà depuis plusieurs périodes comme saisonnier, reprocha vivement à une voiture de ne pas avoir respecté un sens interdit. Il s'avéra que le véhicule appartenait à la directrice d'une grande réserve naturelle des environs. Il se fit pourtant féliciter par cette même personne en lui disant qu'il effectuait fort bien son travail. Lui qui craignait des représailles !

Les visiteurs heureux, la journée finie, je me changeai au local du personnel pour troquer mon uniforme avec l'équipement de motard. Emelyne, la sœur de Matylde, faisant aussi partie de l'équipe, se changeait dans la pièce d'à côté.

Une journée de travail manuel me procure une agréable fatigue. Cette satisfaction, ressentie suite à l'accomplissement de tâches physiques, provoquait chez moi un sentiment de légitimité. Nous étions en sueur, couverts de terre et de sable, épuisés, un peu énervés par les remarques répétitives des visiteurs se plaignant des prix du parking, mais nous étions surtout fiers. Fiers de montrer que nous n'étions pas seulement capables de rédiger une dissertation, et d'ensuite aller boire une bière au bistrot en face de la fac. Fiers de goûter au labeur de ceux qui le côtoyaient tous les jours.
Cette France, manuelle et physique, ne sera jamais assez remerciée. J'ai pu rencontrer des personnes formidables, heureuses et assumant pleinement leur vie, même sans avoir fait d'études supérieures, alors que l'on nous rabâche sans cesse que l'enseignement est la voie royale vers le bonheur.
Le goût pour l'humilité m'a été enseigné par le boulot saisonnier. L'esprit d'équipe aussi. Aucun amphi ne m'avait transmis cela. Cette solidarité dans le défi, cette entraide et cette bonne humeur constante m'ont sauvé plus d'une fois.

Après m'être changé, j'étais presque prêt à partir chevaucher mon fidèle cheval de fer, lorsque je me rendis compte que je n'avais pas consulté la distribution des tâches du lendemain. Il m'arriva en effet d'être en retard plus d'une fois parce que j'avais oublié de regarder à quelle heure je commençais.
Emelyne me prit de vitesse. Elle ironisa « Oh, demain c'est ta tâche préférée ! ». Je m'attendais au pire.
« Corvée de chiottes ! fit-elle avec joie. Ah yes, je me les suis tapées deux fois d'affilée cette semaine, maintenant c'est à ton tour ! Justice est faite !
- Ah. Eh bien, tant pis, quand il faut y aller, il faut y aller, rétorquai-je. Heureusement que tu as regardé, sinon j'étais bon pour me prendre un savon.
- En plus, t'es avec la responsable des sanitaires ! Va falloir te tenir correctement, mon gars ! Ah, je jubile ! ».
Emelyne était une collègue géniale. Fiable, ayant le goût du travail bien fait, forte, ne se laissant pas faire face à un visiteur irrespectueux, solidaire lors de coups durs et loyale en cas de litige. Elle n'hésitait cependant pas à me taquiner.
Dans l'équipe, nous étions une dizaine, avec chacun un caractère bien trempé, bien qu'on évoluait dans une très bonne cohésion de groupe. C'est ce qui m'a fait aimer ce travail.
Nous avions, outre la tâche du parking, les missions d'entretien. Cela consistait à réparer les barrières en bois, souvent renversées par des automobilistes imprudents, à planter des poteaux en vue de délimiter une future zone pour les caisses automatiques, à remplacer les tickets d'entrée aux barrières et enfin à faire le tour de la zone en conduisant une camionnette électrique pour ramasser les poubelles. Cette dernière tâche se trouvait être notre préférée, car nous pouvions conduire le véhicule, charger la benne et nous vider la tête un instant, sans être obligé d'assister les touristes. Cette tâche était écologique, d'utilité publique et nous faisait de temps en temps changer d'activité dans la journée. Nous étions sensibilisés à la sauvegarde de l'environnement. La routine n'avait pas sa place, le travail demandait à chacun d'être polyvalent. Cela empêchait l'ennui de s'installer. Diversifier ses missions permet de venir chaque matin avec l'excitation du premier jour.
Une tâche cependant nous incombait, en plus de l'entretien et du parking : la surveillance et

le nettoyage des sanitaires.
Cela peut être perçu comme un boulot ingrat, cependant il m'apprit l'humilité et me fit ressentir un certain sentiment de légitimité à demander des postes plus élevés. Toucher les excréments des personnes, être mélangé aux odeurs de produits d'entretien et d'effluves corporelles, le tout sous une chaleur estivale, démontrait que nous n'avions pas toujours bénéficié de stages dans de grandes entreprises suite à des « coups de pouce ».
Nous avions touché à cette « France des petits boulots », et étions mieux placés pour la comprendre, même si bien sûr nous ne serons jamais assez reconnaissants envers son utilité.
La journée pouvait sembler longue. Surveiller cette colonne de visiteurs se pressant au petit coin, là où la dignité est perçue au plus bas est particulier. Alors que ce n'est qu'un besoin naturel, comme manger ou dormir.
Jeter un œil pour voir si les visiteurs ne mettaient pas d'eau partout, vérifier que la chasse d'eau soit bien tirée, parfois réprimander et l'être en retour, nettoyer les cabines après un « grand passage », refaire les pleins des savons et de papier-toilette, respirer un coup dehors et enfin ouvrir les cabines des personnes à mobilité réduite.
Ce que je viens d'énoncer se passait dans la journée. Le responsable du parking, mon recruteur, venait parfois me voir pour me chambrer. Mais c'était « bon enfant ». Du moment que nous faisions du bon boulot, il savait comment nous remonter le moral en cas de coup dur. C'est ça, le travail d'équipe.

Le plus long était le soir. Baisser à une heure précise le « rideau de fer », pour fermer les toilettes de jour et laisser ouvert les toilettes de nuit, puis préparer son matériel.
Nettoyer les miroirs avec le produit à vitre. Refaire le plein de savon et de papier. Essuyer les cuvettes. Vider les poubelles personnelles chez les femmes. Vider le sèche-main. Rincer les petites brosses. Mettre du « Bleu WC » dans les cuvettes. Frotter les portes de toutes les cabines et les parois séparant les urinoirs. Passer un coup sur les robinets, porte-papiers, poubelles, porte-savons et chasses d'eau, avec le produit pour le matériel en aluminium. Récurer le sèche-main car on avait oublié de le faire. Remettre des pastilles bleues dans les urinoirs. Et pour finir, passer un coup de balai et de serpillière. La rincer. Fermer à clé le bureau des sanitaires. Se changer. Fermer l'espace personnel. Rentrer.
Nous bougions beaucoup dans les sanitaires, mais restions aussi souvent immobiles à observer la file chez les femmes. C'était psychologique : les cabines avaient moins de chance d'être souillées si leurs utilisatrices se sentaient surveillées.

« Mat, il faut remettre du papier ! ».
Madame R. était la responsable sanitaire. Je m'entendais bien avec elle. Venant au besoin des visiteurs et surveillant la propreté des lieux. Elle ne se laissait pas démonter par les turbulents, et leur enseignait la vie de manière certes un peu rude, mais terriblement efficace.

Un vent brûlant soufflait sur la Dune. Les visiteurs venaient en nombre, et la queue était très longue. La chaleur à l'intérieur des locaux était plus atténuée, mais travailler sans sortir respirer relevait de l'inhumain.
Nous nous mîmes alors à l'entrée des sanitaires, faisant passer les femmes avec les enfants les plus petits dans les toilettes de nuit, que nous ouvrions exceptionnellement en période de grande affluence pour éviter tout « incident ».

L'attente. Cela mène à maintes réflexions.

Le genre humain peut s'avérer être méconnaissable. Où était cette dignité, cette liberté de choix, de penser, la bravoure et le libre-arbitre de l'être ?
Nous aurions dit un troupeau allant à l'abattoir.
Aucun orgueil, juste de l'attente. On essaie d'être discret. Cependant, tous assumaient leur besoin pressant. On fait la queue et on attend.
La file n'arrêtait pas de grandir. Et lorsqu'il n'y avait plus âme qui vive dans les cabines, une autre colonne se formait presque immédiatement. Les visiteurs arrivent par vagues. Nous aurions dit un mouvement perpétuel.
J'essayais de comprendre cette assimilation que nous ressentions lorsque nous faisions la queue aux sanitaires, au supermarché ou en se rendant dans les services publics.
Nous ne savons pas ce qui nous attend, mais nous acceptons cette condition à laquelle nous sommes soumis. Le mouvement est continu, lent, et regroupe tout le monde: riches, pauvres, employés, patrons, modérés, gangsters, policiers, étudiants, travailleurs, étrangers, tous étaient sous l'emprise de l'attente.

Les sanitaires sont-ils, au fond, un véritable lieu d'égalité ?
Suivre le mouvement semble être rassurant. Nous avons les mêmes droits que nos compagnons de file, et allons tous vers le même but : celui de se vider, de se rafraîchir et de se recoiffer. Notre tour va venir si nous patientons sagement. Et gare à la personne qui passe devant tout le monde !
D'un être humain que nous croyons exceptionnel, nous devenons comme la masse. C'est pour cela que nous imaginons mal quelqu'un de célèbre faire les courses par exemple. Alors qu'au fond, il se trouve être un humain comme nous tous.
Parfois, il ne faudrait pas oublier que c'est nous qui attribuons un statut à une personne, même s'il peut parfois lui-même l'imposer. N'oublions pas que la personne vous intimidant n'est qu'un anus sur deux jambes. Cela devrait peut-être dorénavant vous rassurer lors de vos présentations à l'oral. Je vous en prie, pas la peine de me remercier.

Ce que nous appelons « faire la queue » nous fait poser le cerveau. Et parfois, cela fait du bien de ne pas réfléchir.
Cet acte peut s'avérer être relaxant, mais peut aussi susciter l'endormissement !
« Mat, tu m'as entendu ? Allez, fais les papiers, sinon les dames n'auront rien pour s'essuyer ! ».

Ah oui, c'est vrai. J'avais oublié.

« T'es dans la lune aujourd'hui, remarqua ma responsable des toilettes.
- Non, ce n'est pas ça, répondis-je. Je me dis que les sanitaires reflètent la véritable nature humaine : la saleté, les odeurs, le non-respect des consignes d'hygiène : toute la morale et les règles de vie semblent être oubliées pour ne faire ressortir qu'un côté animal, voire une partie sauvage de notre être, qui n'est pas régulée comme les autres besoins que nous possédons. Notre durée de sommeil peut être contrôlée par la sonnerie du réveil, et manger à table est l'une des coutumes les plus encadrée au monde. Alors, pourquoi les gens n'ont-ils pas d'éducation concernant leurs envies pressantes ? Cela n'a même pas l'air de toucher une catégorie sociale spécifique.
- Tu sais, me dit ma responsable en me regardant très sérieusement, cela dépend entièrement de ton éducation. Le niveau de richesse n'y est pour rien. C'est seulement la formation par les parents qui fait la différence ».

Ma responsable n'avait pas tort. Cette réponse collait parfaitement à la question que je me posais.

Un vent plus doux se leva sur la Dune. Cela faisait longtemps que je ne l'avais pas grimpée. Il est vrai qu'à force d'y travailler, on n'y pensait même plus.

Je m'emparai de deux rouleaux et fonçai vers la première cabine, où une dame couverte de honte me fusilla du regard pour n'avoir pas remplacé le papier à temps.
La file diminua peu à peu. Ma responsable partit. Je surveillais les toilettes lorsque Kevin me rejoignit. Ma copine, quant à elle, avait déjà fini sa journée il y avait plus de trois heures.
« Je te jure, une sortie de malade, m'expliqua-t-il. Les machines ne lisaient plus les cartes bancaires et Dédé a pété un câble. Notre recruteur a galéré à expliquer à un Italien qu'on n'accepte plus les lires depuis la création de l'Union européenne et j'ai même failli avoir une embrouille avec des mecs dans une *Golf GTI*, au motif qu'ils n'avaient pas trouvé de place. Le tout au milieu des klaxons ! Mais bon, ça s'est calmé et je viens t'aider à fermer les toilettes. Ils arrivent à gérer la sortie sans moi, donc ne t'inquiète pas. Ça s'est bien passé pour toi sinon ?
- Tu es un don du ciel. Heureusement que tu es là, je commence à être lessivé. La journée a été tendue. On mettra beaucoup moins de temps à clôturer en beauté, m'extasiai-je. D'ailleurs, il va être l'heure d'ouvrir les toilettes de nuit et de fermer celles-ci ».

Rideau.

Chapitre 6 : Soirées Bordelaises

à Héloïse

Septembre. An II.

Les soirées étaient faites pour oublier notre futur incertain. Pourtant, combien de fois étions-nous rentrés seuls et davantage tristes par rapport à notre monotonie diurne ? Trop d'événements faisaient ressurgir les démons de la nuit, et l'alcool faisait réfléchir. Parfois même déprimer.

Étant jeune, je suis partagé entre l'envie de me poser en robe de chambre devant la cheminée, avec un bon bouquin et celle de sniffer de la *coke* sur le derrière d'une strip-teaseuse couverte de fric dans un *club*. La jeunesse est seulement le début de la quête pour la découverte de soi. C'est peut-être pour cela que nous la regrettons plus tard, car nous ne le savons pas encore, mais tout est encore possible.

Oski me contacta. Nous devions sortir ce soir, entre hommes seulement. La bande au complet. Sept mâles en quête de coups bas et d'excitation estudiantine. C'est connu : le vendredi est réservé aux copines, mais le samedi est dédié aux frères d'armes. Cependant, peu à peu, je me lassais des virées nocturnes. Entre hommes, au fond, nos discussions tournent tout le temps autour de celui qui a la plus grosse. Nous nous mettons toujours en avant. Et il faut sans cesse se pavaner sur nos conquêtes ! Devons-nous forcément « chasser » ? Cette pulsion, au fond, ne sert-elle pas tout simplement à nous rassurer sur notre efficacité pérenne de plaire ? Cela n'est qu'artifice.
Faire des *stories* sur *Instagram* ou *Snapchat*, pour montrer à des gens que nous détestons, et qui nous le rendent bien, que nous nous amusons, quelle en est l'utilité ? Ou même être déchaîné dans une voiture, la musique à fond, alors que les promeneurs nocturnes se fichent bien de notre bonne humeur.

Tout ceci contribue au désenchantement du monde de la nuit.

Nous nous retrouvâmes dans un bar « branché » de la célèbre rue Sainte-Catherine. Il regorgeait d'individus semblant trop sûrs d'eux, et de groupes de filles jouant leur personnage de femmes très sélectives. D'ailleurs, Jonathan les repéra. Je décidai de pimenter la soirée.
« Et, Jo', je te file une bière si tu vas les voir.
-Arrête ! Laisse-moi d'abord finir la mienne.
-Allez, tu te sens pas capable ou quoi ?
-Alleeeez ! » surenchérirent les autres.
Au fond, une fille pour une bière, ce n'était pas cher payé. Y aurait-il une valeur marchande ? Essayer de « choper » est un réel jeu du chat et de la souris. « Ah non, toi tu ne m'attraperas pas ! ».
Je remarque que l'on se donne plus aisément rendez-vous le soir. Implicitement, il est su de tous que la nuit apporte une certaine ambiance. Tout semble possible et mystérieux.

La nuit nous rend différents : nous nous sentons moins exposés et peut-être même plus libres.
Une amie, « Lolo », nous rejoignit plus tard. Elle semblait heureuse de nous voir, et un peu de présence féminine ne nous ferait pas de mal. Peut-être que les sujets de discussions varieraient.
Mais au bout de plusieurs pintes, la fatigue et l'ivresse s'accumulant, on reparla de femmes, de conquêtes et de déboires. Les mêmes défis et cette concurrence implicite refirent surface, tel un démon ensommeillé sous la mer, avec plus de rage et de bestialité.
Qui sait de quoi notre nature est faite ? Cette violence en nous ressort de différentes façons : par des manières contrôlées, comme le sport qui la canalise. Mais aussi sans aucune limite comme la colère, la violence, la joute verbale et... le viol.

Sujet tabou, hein ?

Ce dernier m'a depuis toujours fait peur. Nous le répudions, mais mélangez de la frustration, de la rage et un peu de folie : cela peut arriver plus facilement que ce que nous pensons. Beaucoup en sont capables, la faute à cette malédiction transmise de génération en génération par nos pères, datant du premier Homme, osant valser avec le diable, accomplissant ce terrible geste tel que le disait Zola dans *La Bête Humaine.* Cette calamité est remise en cause, notamment avec l'époque du *#balancetonporc.* Je respecte les femmes, car la vie au fond, ne doit pas être facile tous les jours, même en dehors du champ de la violence. Elles ont beaucoup plus de choses à gérer que leurs congénères masculins, et sont lésées par ce manque d'égalité sociétale qui fait débat depuis si longtemps.

Lolo partit d'un bond. J'avais vu que son humeur se dégradait petit à petit, au fil de la soirée, et chaque fois qu'une allusion sexiste envers les femmes était faite, elle se raidissait et son regard devenait de plus en plus noir. En effet, ses beaux yeux clairs plongés dans son *mojito* lançaient un regard triste qui en disait sûrement long sur son passé.
« Allez, dis-moi ce qu'il y a », avais-je pensé. Mais je n'avais pu la soutenir que de manière morale : elle ne me regardait pas. Il n'y avait que ce vide, ce vide éternel qui nous attend.
Quand elle partit, je la rejoignis de suite, n'osant lancer un regard réprobateur à mes compagnons.

J'aurais dû.

En sortant du local, je ne la vis pas. J'aperçus juste les lumières des bars environnants, des jeunes couples se tenant la main, et enfin quelques bandes d'amis riant d'un sujet dont je n'en saurai jamais la teneur. La soirée était bien avancée, la rue sentait déjà l'alcool et la décadence étudiante. À force, cela ne me faisait plus rien.
Elle était là. Appuyée sur un lampadaire, seul rayon de rationalité dans cet univers sombre, tel un phare en pleine tempête. Un clope à la main, une larme perlant sur la joue, mais un air toujours digne, en véritable femme fatale. Elle avait cet éternel regard dur de celle qui avait vécu beaucoup de malheurs, mais qui avait décidé de garder la tête haute. Une fille forte, au final. C'est ce que j'admire chez Lolo.
« Eh, ça va ? demandai-je, n'étant pas doué pour ce genre de situation, surtout avec les filles. Au fond, je ne les connais pas tant que ça.
-Oui, oui. C'est juste que j'en ai marre d'entendre des mecs raconter des conneries sur les femmes, me répondit-elle assez froidement.

-Tu sais, ce sont mes amis, me défendis-je. Ils sont peut-être un peu rustres, mais jamais ils ne me laisseraient tomber.
-Certes, mais cela confirme quand même mon idée. Les mecs ne pensent qu'au cul, et à la fin c'est nous qui finissons seules et souillées ».
Elle sanglotait doucement, sans pour autant lâcher sa cigarette, qui m'hypnotisait par la danse de sa fumée. Étant fils unique et n'ayant pas eu énormément de copines, je ressens toujours de la peine lorsque je vois une femme pleurer. Le mot « souillées » est terrible.
C'est pour cela que je me méfie de la bête humaine qui sommeille en nous. Peut-on être sensible aux malheurs féminins, alors que nous-mêmes sommes capables de leur en infliger ?
Parfois, dans la rue, en sortant d'un bar, l'alcool faisait ressortir les émotions de certaines. Ces « Madeleines » pleuraient doucement sur le trottoir. Combien de fois aurais-je voulu les réconforter. Je le regrette encore.
La seule chose dont je suis certain, c'est que lorsque quelqu'un a le moral bas, le mieux est de le prendre par une étreinte assurée, en vue de montrer qu'il peut s'appuyer sur nous.
Alors qu'au fond, nous-mêmes sommes des êtres fragiles.
C'est ce que je fis pendant quelques secondes avec Lolo. Son parfum était délicieux.
« Allons marcher, ça nous fera prendre l'air », proposais-je en la relâchant doucement.

Nous continuâmes notre soirée en marchant dans les rues de Bordeaux. La fréquentation y était faible. L'air était frais, Lolo s'enveloppa de sa veste en cuir et j'essayais tant bien que mal de résister au froid, étant un garçon de l'Hémisphère Sud. Mon amie sourit, en me disant que cela était gentil de passer un peu de temps avec elle. Je lui répondis que cela est normal, et que j'aime les promenades nocturnes ponctuées de discussions visant à refaire le monde. Il faut en profiter tant que nous sommes jeunes, pour pouvoir espérer un avenir meilleur et rêver.

Et le pire, c'est que nous savons déjà que cela est désuet.

« Lolo, je ne te savais pas si sensible. Tu es habituée à fréquenter des gars qui nous feraient passer pour des gamins, et tu as eu beaucoup de relations. Je te croyais plus endurcie, plaisantai-je, tentant de faire tourner la situation à la plaisanterie.
-Non, ce n'est pas ça. Tu sais, j'en ai eu des connards dans ma vie, qui me voulaient pour toujours ou juste pour un soir. Au début, je me disais, pourquoi pas, autant prendre son pied de temps en temps. Des gars, j'en ai connu : des célibataires, des puceaux, des mecs en couple et même une fois un homme marié. Les hommes sont vraiment tous les mêmes, sans t'offenser bien sûr Mat. Ou bien c'est peut-être moi qui n'ai jamais eu beaucoup de chance.
-Je trouve cela un peu niais de le dire, mais si rien ne t'a été présenté de positif auparavant, c'est que le meilleur reste à venir. Tu sais, le destin et tout, j'y crois un peu.
-Et bien, si le prince charmant doit arriver, il se fait sacrément désirer. Il a vraiment intérêt à être un bon coup !
-Ouais, il est un peu long, l'enfoiré ».

Nous nous esclaffions tous les deux. L'atmosphère devenait beaucoup plus détendue.
J'étais déjà en couple, mais j'apprécie la compagnie des femmes. Étant dorénavant adulte et beaucoup plus sûr de moi, évoluant dans le monde étudiant et fréquentant des personnes ouvertes, j'appris à découvrir et à connaître les femmes. Elles étaient, au fond, des personnes en général charmantes et sympathiques avec qui converser. Moi qui les voyais comme des créatures mystérieuses et insaisissables auparavant ! Mes années d'études ont été riches en

apprentissages. Et je ne parle pas des cours de la fac, mais de la vie étudiante.

Les marchands de gaufres étaient encore ouverts. La soirée ne pouvait pas aller mieux : la nuit, la bonne compagnie, les gaufres et la vie devant soi.
Soudain, je me souvins que Lolo avait effectué un séjour à Paris, avec un possible amant.
Je commis donc l'erreur de débutant : parler d'une chose à une femme qu'elle-même avait omis de raconter.
« Au fait, Lolo, comment s'est passé ton week-end à « Paname » ? Tu as dû en faire, des folies ! ».

Quel crétin.

Son air s'assombrit à nouveau. Ses yeux regardèrent dans le vide, un peu baissés, se remémorant ce week-end mouvementé dans la capitale francilienne. Les souvenirs refoulés ressurgirent petit à petit, laissant le dégoût se déverser tel un tsunami en Asie du Sud-est.
Elle prit pourtant sur elle et me raconta tout, de manière étrangement calme.

« Tout allait bien. Le train était à l'heure, j'allais changer un peu d'air et je pouvais enfin m'échapper de l'étouffant été bordelais.
Je voyais les paysages défiler par la vitre, il n'y avait aucun mec louche assit à côté de moi, et pas grand monde dans le train. Comme j'avais à peine reçu mon salaire du mois, je pouvais me permettre de m'offrir un festin au wagon restaurant : un sandwich, une bouteille d'eau et même un paquet de chips ! Je pouvais allonger mes pieds sur le siège d'en face et déguster sans remord ma pitance. La vie était belle. On allait me couvrir de vêtements et d'accessoires dans la plus belle ville du monde, le tout par un beau mec jeune et fortuné. Il allait s'occuper de moi et je pouvais enfin être heureuse après toutes mes mésaventures. Ça devait être le week-end de rêve. Sauf que, arrivée sur le quai de la gare à Paris, personne ne m'y attendait. L'air morne typique des Parisiens se reflétait sur les visages. J'ai commencé à m'inquiéter.
Je me suis dirigée vers le métro, puis j'ai attendu au milieu du bruit et de la crasse.
Après avoir poireauté pendant quinze minutes et après avoir rembarré trois sans-abris, Monsieur est arrivé, en marmonnant quelques excuses. Mais son sourire, son air essoufflé, comme s'il avait fait le semi-marathon de New York rien que pour me rejoindre, et son beau costard bleu enfermant ses larges épaules et sa barbe de 3 jours me calmèrent rapidement. Il était très beau, davantage que lors de notre première rencontre au Québec. Le temps que nous allions passer ensemble valait bien l'attente.
Nous nous promenâmes dans les rues de Paris. La capitale n'était pas si mal que ça, et les promeneurs semblaient même être dorénavant agréables. Au fond, la perception de l'environnement dépend de son état d'esprit à l'instant même.
Nous sommes allés boire un café dans une brasserie typique parisienne. Les serveuses et serveurs portaient une chemise blanche, avec un gilet et un pantalon noir. Une de ceux-ci s'approcha pour prendre notre commande, mais mon Hercule lui parla assez mal. D'un ton hautain.
Je me suis dit que quelque chose n'allait pas.
Sur l'un des ponts surplombants la Seine, la capitale était jolie. Cette belle garce en avait sous la jupe ! On la dénigre par défaut, mais quand on commence à la connaître, il est quasiment impossible de ne pas succomber à son charme ravageur. Est-ce cela qui définit la femme parisienne en général ?

Mon « Jules » et moi nous nous sommes regardés. La plus belle ville du monde, la jeunesse, le fric, la classe, la beauté physique et l'excitation étaient réunies en cet instant unique. Mais à deux doigts de m'embrasser, cet abruti s'arrêta pour me dire « J'ai un dernier truc à régler à l'hôtel, rejoins-moi sous la couette ! » tout en faisant un clin d'œil plus que subjectif.
Il avait beaucoup changé, depuis qu'il était dans l'immobilier à Dubaï. Corrompu par l'argent, le luxe et les privilèges d'expatrié.
J'ai réfléchi. Beaucoup, pesant le pour et le contre. Arrivée devant le Panthéon, je me posai et pris un café. Les personnes habitant pour l'éternité ce vaste monument sont reconnues pour leur découvertes, leurs travaux et pour leur contribution à la Nation. Mais, le plus important, c'est que ces célébrités défendent des valeurs, entités rarement mis en avant, au détriment de la réussite sociale et du capital financier.
J'ai donc décidé de suivre leur exemple. Je profitai encore un peu de Paris et pris le premier train pour Bordeaux. J'eus une place hors de prix, achetée au dernier moment, à côté d'un étudiant avec une tête de matheux qui ne semblait jamais avoir vu de bonnet C de sa vie, et d'un homme d'affaire parlant très fort au téléphone. J'en sais tellement sur lui que je serais capable d'accéder à son coffre au Liechtenstein », me dit-elle avec un petit sourire. Elle s'arrêta un instant de parler, le temps de savourer sa gaufre, puis finit :
« Mon seul regret, par rapport à l'autre couillon, c'est de ne pas avoir osé lui cracher à la figure. Je me suis contentée de lui dire qu'une affaire urgente me rappelait à Bordeaux, et de couper tout contact avec Monsieur ».

L'histoire de Lolo me choqua. Je ne m'y attendais pas. Outre que cela me faisait de la peine qu'elle rajoute cette mésaventure à sa longue liste de pépins qu'elle avait eu ces quatre derniers mois, il me fallait conclure que le Ciel n'avait pas encore voulu de répit pour mon amie.
Après tout, elle n'avait pas à subir la méprise des hommes. Cependant, il allait falloir traverser les ouragans la tête haute. Et je la sentais capable de cela, même si elle devait sûrement en avoir assez de toutes ces épreuves.
La belle Bordeaux était presque silencieuse. Mademoiselle voulu rentrer chez elle. À l'arrêt de tram, nous nous fîmes la bise. En la regardant dans les yeux, je lui susurrais « Courage. Je crois en toi ». Elle me sourit à nouveau et alla dans le wagon. En un instant, silencieusement, le tram partit. Je me retrouvai avec comme unique horizon le quai vide d'en face.

À nouveau seul.

Après avoir pris ce que nous appelons gentiment le « Bus des bourrés », celui qui dessert Pessac à partir de deux heures du matin, et après avoir enduré les cris des premières années ivres mortes et le silence des étudiants asiatiques, je marchai dix minutes jusqu'à mon appartement.
Pessac est morte la nuit. Quelques rares voitures passèrent, pour ensuite emprunter la rocade non loin de là en vue de rejoindre plus rapidement les boites en ville, alors que je rentrais me coucher. Cela était un contraste intéressant.

Au fond, je me dis qu'être étudiant n'est pas si rose que ça. Nous sommes confrontés aux aléas de la vie, mais nous essayons aussi d'agir comme si nous devions en profiter le plus possible.

Nous disposons d'une seule vie mais aussi d'un unique portefeuille. Nous n'avons peut-être qu'un seul « Grand amour ». Notre avenir semble incertain, mais nous devons faire comme si de rien n'était. Vivre comme si c'était notre dernier jour, tout prévoir comme si nous avions des obligations le lendemain même.

Quel tissu de conneries. Autant suivre nos émotions et ne pas faire semblant.

Comment traduire cela ? Eh bien, déjà, en arrêtant de se mettre la pression pour voir si le haut est approprié au bas. Aussi, en ne se sentant pas obligé de faire des ourlets aux jeans alors qu'il fait moins quatre degrés dehors, juste parce que vous portez vos belles *Stan Smith* toutes propres. Alors que la veille, elles étaient salies en même temps que votre relation « stable », lorsque vous vous êtes accroupies pour faire un gâterie à un bobo lors d'une grande soirée bordelaise.

Le monde étudiant me répugnait à cet instant-là. C'était mon *coup de blues* typique post-soirée. Je l'aime. Il me fait réfléchir, me fait sentir finalement moi-même, et me permet de m'assumer avec fierté qui je suis : un jeune homme qui veut disposer d'une place dans la société, alors qu'il n'est toujours pas redescendu de son nuage.
Peut-être que l'autoroute de la survie dans le milieu étudiant se trouvait-elle bondée. J'eus l'impression que je n'étais capable d'exceller nulle part. Alors que cinq ans durant, j'avais subi le formatage de cerveau me permettant de commenter des arrêts en Droit.

Autant en finir de suite alors. Puis je déduisis que si je ne l'avais pas fait auparavant, si je n'avais pas abrégé mes souffrances de citoyen égoïste qui se plaignait de son sort, c'est que je n'avais jamais eu les couilles de le faire.
J'inondai mon appartement dans un torrent de larmes.

C'est que c'est malheureux, au fond, un étudiant.

Chapitre 7 : Charme couvert du Bassin

à Kevin

Janvier. An III.

« Vrouuuum ». Le ronronnement de la vieille *Fiat Seicento Team* était rassurant. Long, continu et brut.

Sur l'autoroute, aussi droite que monotone, je roulais follement à cent dix kilomètres heure. La circulation n'étant pas au rendez-vous, ce ne fut qu'une étendue goudronnée vide pendant les quarante minutes séparant Pessac d'Arcachon.
Malgré l'allure peu phénoménale, surveiller le compteur se présentait comme ma seule priorité : d'après la rumeur, les drones de la gendarmerie nationale patrouillaient dans l'espace aérien juste au-dessus de moi.
Je venais d'avoir mon permis B haut la main et du premier coup, je ne pouvais pas me permettre de le perdre aussi rapidement. Me voilà dans la voiture de ma belle-mère, en route vers l'océan ! Cette bête de course dispose seulement de cinquante-quatre chevaux, ce qui la catégorise pourtant comme la plus puissante de sa lignée. Un poids plume, de petites roues, une boîte courte et pour finir : une couleur noire. Mais le plus important est qu'elle est italienne. Traduction de nervosité et de susceptibilité, nous sommes donc comme cul et chemise.
Les pins défilaient de part et d'autre de la route, telle une infinie étendue verte, coupée en deux par le goudron. La nature se mêlait étrangement au bitume, représentant l'éternel surpoids de la modernité sur l'authenticité. Quelques gouttes s'écrasèrent sur mon pare-brise. Ce manque de soleil incitait à réfléchir, et maintenait mon rythme cardiaque à un niveau peu dynamique.
« Dynamique ». Bon sang. Comme si ce mot ne m'avait pas assez énervé tout au long de ma vie : « Il faut être plus dynamique, mon garçon, allez ! », « La France est un pays dynamique », « L'aménagement du territoire se doit d'être dynamique ».
Il faut toujours être plus rapide, toujours être au maximum de soi et toujours avoir plus.

Quel ennui.

Comme je le disais, ce temps gris, ce ronronnement continu du moteur et cette tranquillité de la route amenaient à réfléchir.
Se rendre dans une station balnéaire en hiver procure un sentiment bucolique et paisible. Les touristes sont encore chez eux. Le centre-ville est triste, avec ses magasins fermés et son pavé municipal encore humide de la dernière averse. Mais à ce moment-là, j'étais prêt à tout pour quitter l'environnement estudiantin bordelais. La concurrence acharnée entre camarades de promotion, cette course effrénée vers la mention, cette volonté d'être toujours le meilleur a eu raison de mes nerfs.
Qui a dit qu'il fallait toujours être le meilleur ? Et si je n'en avais pas envie ? Et si je voulais qu'on me foute juste la paix ?

Je voulais simplement vivre NORMALEMENT.
Serait-ce trop demander ? Sans vouloir remettre bien sûr en cause l'hypocrisie de certains étudiants, ou le *tram-tram* quotidien, il me fallait prendre l'air.

L'air marin.

Me rapprochant de la destination tant espérée, je vis qu'un nouveau concessionnaire de voiture avait ouvert, montrant fièrement des ballons de couleurs vives, hauts dans le ciel, semblant défier le ciel gris. De potentiels clients, obligés de posséder une voiture pour se déplacer tous les jours, se rendront sûrement en ces lieux pour écouter d'une oreille distraite le vendeur, ce dernier luttant tant bien que mal pour son travail écrasé par la rude concurrence des voitures d'occasion. Les visiteurs seront soucieux de l'impact écologique, suite aux scandales des particules fines. N'étant pas encore sur le beau marché du travail au centre de tant de controverses, je détournais les yeux, ne sachant quoi trop penser dessus. Et il fallait bien que je me concentre : j'arrivais au niveau du premier rond-point.
Il y avait eu un hiver terrible à Bordeaux. Une semaine de pluie pour, de temps en temps, un jour ensoleillé : ce fut le pire marché que j'avais pu conclure avec Dame Nature. On m'avait prévenu, avant de venir en Gironde, que la région serait très pluvieuse. Je pensais que ce n'était qu'une blague.
Le deuxième rond-point se présenta, avec un panneau indiquant la direction d'une de mes forteresses de solitude : le village de mon grand-père était sur la gauche, là où le mot d'ordre était « moto ». Un lac, nos deux-roues, un saucisson et enfin des balades. Un peu de mécanique de temps en temps, des reportages sur la Seconde guerre mondiale aussi. C'était l'une de mes recettes du bonheur.
Les panneaux défilaient. La Dune du Pilat se trouvait à quelques kilomètres sur ma droite, et le dernier des nombreux ronds-points gardant l'entrée de la ville d'Arcachon arriva.
Après avoir garé ma voiture, j'allai marcher sur le Boulevard de la Plage, dernière ligne de bâtiments avant le sable. Les vendeurs de marinières, si nombreux en juillet, étaient aux abonnés absents.
Une grande mélancolie se ressentait. Ce ciel sombre sans pluie, typique de Gironde, faisait plisser les yeux, creusant les cernes et surtout mon déficit en magnésium. Cette menace perpétuelle venant du ciel rendait l'ambiance bien triste.
Un vent frais parcourait les rues. Mais les croisements comptaient quelques personnes pourtant, et le *Coffee shop* abritait des lycéens refaisant le monde... ou plutôt refaisant le Bassin. La rumeur prétend une identité forte dans les environs.
Les magasins de surf et de skateboard furent les seuls rayons de soleil dans cette atmosphère morne, de par leurs couleurs vives.

Certains oseraient me faire le procès du désenchantement d'Arcachon. Au contraire. J'adore ce sentiment. Il me tranquillise. L'endroit est calme. Isolé du bruit. Ce qui était justement mon but.
J'arrivai à la place menant à la jetée Thiers. Une brochette de motos était garée sur ma droite. La pauvre petite *Royal Enfield* indienne se sentait bien seule au milieu des avions de chasse japonais, des rutilantes américaines, des fines anglaises et enfin des bêtes sauvages italiennes. Mais il se trouvait être l'unique engin de la place à avoir, pour mon humble personne, une qualité déterminante : la modestie. De plus, n'oublions pas son authenticité, sa batterie à l'air libre, son côté retro, le guidon droit et l'air fier. La fonction de cette moto n'est pas d'atteindre des vitesses phénoménales ou de gagner un quatre-cent mètres avec départ au

feu rouge. Elle ne sert pas non plus à se pavaner aux terrasses de bars. On ne prend pas une *Enfield* juste pour se montrer.
Cette machine sert simplement à se déplacer d'un point A à un point B, le tout en flottant dans une ambiance *vintage*, nous berçant par le tendre va-et-vient de l'unique cylindre.
« Pot pot pot pot pot ». Un vrai son agricole, rappelant les tracteurs de mon adolescence, en Picardie.
La *Royal* ne s'inscrit pas non plus dans cette mode qui utilise la nostalgie pour le *marketing*, car elle a toujours disposé de la même tête (à part bien sûr le modèle « Himalayan »). Enfin, c'est l'une des rares machines où le réservoir se peint à la main, quelque part dans une usine indienne colorée, par un type qui ignore sûrement tout de la grisaille hivernale girondine. Elle détient le strict minimum : pas d'ennuis avec je ne sais quel composant électronique, pas de *shifter* de tricheur et surtout pas de *traction-control* à la mords-moi le nœud. Juste un moteur, des roues, un phare pour y voir quand même la nuit, et surtout une joie de vivre. La pure bécane.

La jetée Thiers, avec ses quelques touristes, s'étendait devant moi. Je vis un groupe de jeunes étrangers rire en allant sur la plage, portant le fameux survêtement noir aux trois bandes blanches.
L'histoire de ces survêtements est intéressante. D'après les quelques renseignements que j'ai pu glaner, l'équipe olympique de ce qui était avant l'URSS n'avait pas de marque fournissant les vêtements sportifs. Alors, *Adidas* s'en chargea, avec ses trois célèbres bandes blanches sur survêtement noir. Cependant, pour éviter que les athlètes ne montrent qu'ils s'habillaient chez un « capitaliste », ils demandèrent de ne porter que deux bandes blanches.
Suite à la chute de l'Union soviétique en 1991, les habitants purent finalement porter les tant recherchés *Triple stripes*, qui sont de nos jours considérés comme des habits de la classe populaire et moyenne d'Europe centrale et de l'Est.
L'eau française est-elle aussi froide que là d'où ils viennent ? Confirmeraient-ils le stéréotype du sous-marin nucléaire échoué sur la plage, inutilisable depuis que, dans une ville lointaine à l'Est de l'Allemagne, cent cinquante-cinq kilomètres de béton barbelé étaient tombés fin des années 80 ?

L'eau reflétait le ciel. Une vision habillée de gris-sur-gris s'étendait devant moi. Heureusement, une bande de terre au loin, ainsi que les cabanes « tchanquées » (du gascon « sur échasses »), faisaient office de ligne de démarcation entre l'océan et les cieux. Sans ces éléments, je me serais cru dans un cauchemar, où l'environnement infini était habillé d'une même couleur uniforme et angoissante. Quelques mouettes volaient de part et d'autre, mais le calme ambiant était musique à mes oreilles. Des étudiants italiens se prenaient en photo en riant.
Je lus une plaque où étaient inscrits la date de la création de la jetée ainsi que le nom du maire d'Arcachon. La fierté se ressentait rien qu'en lisant le texte. Cette jetée devait être fichtrement importante aux yeux des habitants. Quelle *tsoin-tsoin* pour une construction de quelques mètres ! Cette ville ne cessera donc jamais de m'étonner.
Je retournai à la voiture. Cette virée en ville revêtait un caractère obligatoire. Un rite à effectuer pour venir voir au moins l'océan, le sable et les pins, le soleil étant malheureusement caché derrière ces nuages qui semblaient éternels.

Cinq minutes après avoir démarré, un bâtiment gris apparu. Je garai facilement ma « micro citadine », et pris l'ascenseur.

Vous vous demandez sûrement qu'est-ce que cet immeuble vient faire dans l'histoire. C'est vrai, je n'avais pas dit pourquoi je me rendais à Arcachon. Eh bien, cela revêt une banalité inouïe. Le but de mon trajet, outre la volonté de rompre brièvement avec la vie estudiantine, reposait aussi sur l'action de rendre visite à ma petite-amie, habitant temporairement sur le Bassin. Quand elle m'ouvrit la porte, après l'embrassade habituelle, ma douce me demanda si j'avais fait bon voyage. Je lui répondis évidemment que oui.

En fermant la porte, je réfléchis à cette sensation étrange, à ce paradoxe qui entourait Arcachon, et aussi toute autre station balnéaire en général : comment peut-on apprécier une ambiance morne hors saison ? Est-il donc possible de trouver du calme dans l'ennui, ou plutôt de l'apaisement dans la mélancolie ?
Avant de repartir vers Bordeaux, je m'arrêtai à la plage océane du « Petit Nice », à quelques kilomètres de la Dune du Pilat, en direction de Biscarosse. Le parking en terre battue était désert. Cette fois-ci, aucune mouette à l'horizon, mais simplement cette forêt de pins, se dodelinant doucement au gré du vent, et le rugissement des vagues au loin. Les bicoques abritant les restaurants étaient fermées.
Devant moi s'étendait le Banc d'Arguin. On aurait dit que je pouvais le rejoindre à la nage. Je n'y suis allé qu'une seule fois, en bateau, lors de mon adolescence. Cela s'avère être une véritable petite île déserte. Il n'y a aucun arbre. Rien que du sable.
En regardant l'étendue bleue, je me dis que je préférais l'océan en hiver. J'aime davantage observer cet endroit, sachant pertinemment que je ne m'y baignerai pas, plutôt que de m'y immiscer et d'être déçu par la sensation qui ne sera jamais à la hauteur de mes espérances. Dans l'eau, je crains une quelconque présence menaçante, ainsi que le courant. La visibilité est quasi-nulle, contrairement à l'eau turquoise de Menton, où je peux observer une multitude de poissons.

Je regarde l'océan tel que j'observe un animal sauvage : à distance, admirant en secret le pouvoir inouï que lui a conféré Dame Nature.

Bref. C'était une virée sur le Bassin.

Chapitre 8 : Une parole troublante

à Elsa

Mars. Un an avant l'Indonésie.

Forcément. Elle devait le dire juste après.

Elle aurait pu se retirer vers son côté du lit, s'endormir satisfaite ou non, comblée ou déçue, m'enlever toute la couette même, je n'aurais rien dit. Mais non. Cette fille d'un soir devait forcément le dire en me caressant les cheveux. Faire partager cette parole que je ne pensais plus jamais entendre de ma vie.

« Chou ».

Je me sentis mal. Très mal.
Déjà, si elle n'avait que pris l'humble décision de partir de suite, chose qui ne me gênait plus depuis longtemps, mon esprit serait bien plus tranquille.
Mais rien de tout ça. Elle se tourna vers moi, qui commençais à m'endormir, pour me décoiffer gentiment, et avec un sourire, me murmurer :

« Chou ».

De tous les mots qu'il ne fallait pas prononcer après un premier coït, celui qu'elle venait de prononcer était le pire.
Bon sang. Je savais bien qu'il ne fallait pas tenter ma chance avec elle, surtout après sa longue énumération, sans gêne, d'expériences acrobatiques personnelles, comme si cela semblait être la chose la plus banale à raconter lors d'un déjeuner.
Mais bon, s'il fallait être exigeant pour les coups d'un soir, j'imagine difficile le concours pour les relations sérieuses.
Un sentiment de culpabilité, de tristesse et surtout de nostalgie me prit soudain. Des souvenirs, enfouis depuis longtemps, ressurgirent sur le coup, et j'essayai de réprimer tout cela en fermant les yeux.

Trop tard.

Je rouvris les yeux. Une légère brise me caressa le visage, tiède et aux senteurs marines. Des vagues rugirent au loin, puissantes mais inoffensives. L'odeur des pins était là, timide mais pourtant omniprésente.
Il faisait chaud. Mon appartement est pourtant loin de l'océan.
Au-dessus de moi, du bois. Lisse, à un mètre de mon nez.
En tournant la tête, je vis du tissu rouge, non comme celui de mon lit qui comportait un basique blanc. Mon corps se trouvait sur un matelas moelleux. Celui de ma chambre était

pourtant dur.

« Ça va, chou ? ».

Cette voix, ce timbre, cette sonorité légèrement grave mais jeune, est la voix de la femme de dix-huit ans. La question semblait posée par quelqu'un de curieux, de naïf et d'aveuglé par l'amour de jeunesse.
Je me trouvai soudain dans une caravane en plein mois d'août sur la côte Atlantique, à une heure de Nantes. Un petit coin de paradis, où seuls de bons moments furent vécus.

Sauf que cette scène s'était produite il y a fort longtemps, dans un camping au bord d'une falaise, là où on ne pense pas aux soucis quotidiens, si ce n'est au choix de la crêpe à midi. C'était lors de mes premières vacances universitaires.
Je sortais encore avec mon premier amour. Celle-ci se frotta les yeux, en remuant doucement la couette pourpre.
« Chou, ça va ? Tu es déjà réveillé ? ».
Elle était la première à m'appeler comme ça. Nous nous appelions entre nous « chou », trouvant cela plus amusant et plus original que tout autre diminutif amoureux.
Elle avait des cheveux ondulés châtains, ainsi que des yeux plus bleus que l'océan un jour d'été. Sa peau blanche et son sourire naturel se dessinant au coin des lèvres me rendait fou à l'époque. Elle porta sa bouche à la mienne et nous nous embrassâmes longuement.
Une larme me perla au coin de l'œil. Je me sentais prisonnier d'une dimension, comme dans le film *Inception*. Une véritable relation avec fidélité, amour et surtout complicité était la vie !
Ne cherchant pas de réponse, je restais dans cet univers que je venais de créer par la seule force de la pensée.
Aucune autre expérience ne m'avait fait oublier mon premier amour, alors que c'était justement le but.

Mais fallait-il, pour être heureux, forcément vivre dans le passé ?
Ma première rupture fut longue, pénible et douloureuse. Nous avions pourtant eu de bons et d'agréables moments.
Mais la monotonie, suite au temps qui passe, m'avait fait comprendre que je me sentais de moins en moins sûr de moi.
Pire : ma compagne m'intimidait.

La parole « Chou » évoquait pour moi un amour impossible.

Je ne haïssais pas ce mot, mais il me rendait terriblement triste. Cette parole me refaisait penser à une période où tout semblait réalisable.

« Tu ne me réponds pas ? ».

J'ouvris réellement les yeux. Mademoiselle-d'un-soir était toujours là. Je ne savais pas quoi lui dire, je me demandais même si cela valait la peine que je lui réponde.

Il en était fini des conneries, des défis à relever en soirée pour soulever la plus belle du moment. Il en était fini de l'excitation. Au fond, nous revenions toujours à un manque

horrible de l'âme sœur.
En réfléchissant rapidement, je me rendis compte que je n'éprouvais plus rien pour mon premier amour étudiant. Serait-il possible d'être de nouveau amoureux ? Et ce n'était pas ma compagne de lit actuelle, mais plutôt une collègue de travail saisonnier qui commençait à prendre possession de mon être. Nous devions par ailleurs nous retrouver dans un café plus tard. Le temps fit qu'elle deviendra ma petite-amie actuelle.

Mes sentiments n'étaient pas attendus aussi en avance ; l'amour est donc possible de nouveau !
Il faut juste lui donner du temps.

Je dis cordialement à Mademoiselle de se casser de chez moi.

Octobre. An III.

La Garonne se présente à nous. Un temps magnifique et le début du froid automnal nous engourdit doucement dans nos manteaux. L'ambiance est calme, les rares touristes de la Toussaint visitent Bordeaux, tout en digérant le chocolat chaud de 16h. Le temps semble figé, jusqu'à ce que la montre indique l'heure à laquelle le soleil se couche, remplacé par la nuit glaciale, le vent impitoyable et la gourmande obscurité engloutissant tout sur son passage.
Ma douce actuelle, Solène, se repose sur mon bras gauche. Assis sur les marches du « miroir d'eau », dos à la rumeur du tram et des voitures sur les quais, nous regardons le fleuve s'écouler calmement. Une école de voile s'entraîne à lutter contre le courant. Des rameurs effectuent leur exercice du samedi après-midi, transpirant sous le poids de l'exercice, malgré le froid ambiant.

Tout semble être à sa place, et la sérénité nous entoure.

Jusqu'à ce que quelque chose trouble l'ordre ambiant. Un manteau rouge passe, une tête aux yeux bleus se tourne vers moi, avec un petit sourire. On me reconnaît. Mais on ne s'avance pas vers moi.
Ma première compagne, celle de la caravane au bord de l'océan, mon premier amour, ma *kryptonite*, mon éternelle insatisfaction est devant mes yeux. Après tout ce temps.

Un miracle ? Un mirage ?

Que faire ? Je rêve peut-être de ce moment depuis longtemps. Mais comme je l'énonçais auparavant, il est indispensable de passer à autre chose. Et je suis de nouveau amoureux.
Je l'ignore donc superbement.
Le soleil se couche. Le noir qui semble éternel revient d'un trait.

Cette fois, l'astre solaire emporte avec lui un chapitre de mon histoire dans le néant.

Chapitre 9: La place de l'eau dans nos vies

à mon Père

Novembre. An III.

Il faisait une chaleur épouvantable. J'étais très énervé.

Il était 2h du matin.

Impossible de fermer l'œil. Alors que le lendemain, ce serait une longue journée qui m'attendrait, je n'étais pas capable de dormir. Maudits soient mon excellente nuit de la veille, ma sieste de midi ainsi que mon Coca du soir. Et surtout, ce chaud humide qui me collait à la peau.
J'étais à Menton, sur la Côte d'Azur. Je prenais une année sabbatique, après avoir validé mon Master 1. Le M2 étant trop sélectif, mon esprit se trouvait être rongé par un « ras-le-bol » général de l'Université, de la vie bordelaise et du Sud-Ouest en général.
Les personnes étaient encore en T-shirt, malgré la morosité du début d'une nouvelle année de boulot. Nous pensions que l'été ne finirait jamais, ici au Sud-est. Mais les vendeurs de vêtements exposaient depuis longtemps leur collection automne-hiver, la pluie reviendrait de plus en plus souvent au fil des semaines, et le temps gris rentrerait lui aussi de vacances. Nous replongerions tranquillement dans la saison des jours courts et des châtaignes grillées. Pourtant,malgré la pluie de la journée, la nuit était affreusement chaude.

Pire qu'en Espagne.

Mes jambes collaient au drap inutile et mes aisselles transpiraient en continuité.
Je décidais donc de partir marcher un peu. Je mis ma dernière chemise et aussi mon *trench-coat* acheté pour un prix dérisoire en Italie. Il suffit de traverser la frontière : elle n'est qu'à dix minutes de voiture ! Ce qui est bien, là-bas, c'est que l'on pouvait s'habiller correctement et pour pas cher si nous possédions du flaire. Les petites boutiques étaient encore d'actualité dans la botte italienne, contrairement aux grandes enseignes dévorant la France. N'oublions pas que la classe de nos cousins transalpins est mondialement connue.
Essayant de ne pas réveiller mes grands-parents, chez qui j'habitais dorénavant, je fermai la porte d'entrée de l'appartement et pris l'ascenseur.
Cette porte était vraiment inutile. Elle se verrouillait et se déverrouillait à sa guise. Qu'on punisse les rénovations des monte-charges ! Les travaux n'améliorent jamais rien dans les vieux immeubles.
Enfin dehors. Les rues de la « Perle de France », aux senteurs de citron mélangées aux déjections des chiens de vieilles dames, semblaient bien vide, hormis quelques *T-Max* vrombissants.
Intéressant. Cette ville aux allures chics, ayant hébergé des sommets de droite, tel que celui du RPR le 10 et 11 octobre 1998, abritait aussi ces azuréens au caractère peu patient, ces Italiens fous du volant, ces riches aux voitures bizarroïdes et enfin ces scooters de cité imprudents. Au fond, la Côte est un *hub* riche en cultures multi-ethniques.

Il faisait moins chaud, avec la brise marine, mais ce n'était pas non plus l'Antarctique. Le *trench-coat* serait sûrement de trop.
Voulant éviter l'intérieur de la ville et ses éventuels rassemblements de jeunes aux mœurs douteuses, je décidai de passer par le bord de mer.
La Mediterranée n'était pas trop agitée, et le vent était doux. Pas un seul véhicule ne roulait sur le bord de la plage. Je vis une *Mercedes* garée avec les phares allumés. Le conducteur était sur son téléphone. Ah, les yeux rivés sur le *smartphone* équivalent pour moi à la maladie du siècle. Nous sommes dépendants des émotions que font surgirent les portables, bonnes ou mauvaises. C'en est de même pour les médias. Il faut que notre dopamine soit stimulée aussi un peu, sinon la vie serait d'un ennui, n'est-ce pas ?
Sur les terrasses vides, avec vue sur l'étendue noire qui nous sert de Méditerranée, deux chaises étaient occupées par des hommes avec de fortes têtes de *dealers*. Je m'imaginai de suite que la voiture grise de luxe n'était que leur moyen de transport, prêt à les ramener à la cité dès que le business serait fait.
C'est d'un cliché, hein ? Eh bien, il faut avouer que la plupart des personnes pensent à cela de suite, mais n'ose même pas se l'avouer à eux-mêmes. Quelle hypocrisie, cette tolérance imposée par l'absurdité du vivre-ensemble, comme dirait Obertone dans son ouvrage *La France interdite*. Mais, au fond, ces individus-là essaient comme nous tous de survivre, et s'ils avaient des affaires en cours, tant mieux. Le client est content, le vendeur aussi ! L'argent enrichira sûrement la banque du quarantenaire à la voiture luxueuse, ou bien l'épicier du coin. Dans tous les cas, cela contribuera à l'économie du pays. La vie n'était-elle point belle ?
Je dépassai le « Casino Barrière », puis continuai un peu sur la Promenade du Soleil. Deux couples riaient pour une raison qui me restera pour toujours inconnue, tout en se tenant par la taille. Étaient-ce des touristes ? Des Italiens ? Des chanceux de « Sciences Po » ?
Dans tous les cas, ils m'inspiraient une profonde envie. Ils n'avaient pas l'air fatigués, et avaient leur moitié avec eux. Ils n'auraient pas de problème pour dormir. Ah, les salauds.

Devant le Musée « Jean Cocteau », je pris mon courage à deux mains et fis demi-tour en passant par la ville. Au pire, j'affronterai les groupes de délinquants juvéniles qui peuvent y sévir.
Je me dis aussi que le propriétaire de toutes ces œuvres au Musée devait être quand même un sacré veinard. Comment avait-il fait ? Disposait-il de tellement d'œuvres d'art qu'il en avait carrément consacré un Musée ? La sphère des « riches », des artistes et des personnes de la haute société semblait inatteignable pour un simple étudiant comme moi.
Alors que j'avais vécu dans un milieu diplomatique pendant toute mon enfance, comme expatrié français en Italie, l'Université publique m'avait au final donné le goût de l'humilité, de la modestie et de la lutte contre l'injustice. J'avais pourtant évolué dans une fac de Droit !
Fervent opposant des grandes écoles et surtout homme méprisant envers la poursuite de l'Excellence, j'avais préféré mieux la connaître pour encore plus la haïr. Je ne voulais pas faire partie de l'élite. Devais-je forcément entrer dans cette concurrence hypocrite à peine cachée ? Je voulais être un homme de valeurs, et non d'argent ou de diplômes.
Mais j'étais jeune et bête, et surtout conscient de l'être. Cela me faisait rire.

La rue était fortement illuminée. Cela me changeait de Pessac, où je louais un studio lors de mes études, ville qui éteignait les lumières la nuit « pour mieux observer les étoiles », alors que certaines étudiantes avaient horreur de rentrer seules dans le noir.

Aucune bande de malfrats à l'horizon. Le *trench-coat* commençait à peser sur mes épaules et j'avais l'impression qu'il ne convenait pas à l'environnement nocturne mentonnais. Les rares passants devaient sûrement me prendre pour un fou : porter un manteau alors qu'il faisait vingt-quatre degrés ! Quel étrange personnage !
Oui, peut-être, mais je le trouvais élégant. Et il fallait bien le mettre à l'épreuve pour voir s'il s'avérait être une bonne affaire. Mais au final, je décidai de l'enlever.
Une forme au loin. Un sale type, avec une envie folle de me racketter ? Fallait-il l'éviter ? Trop tard, il se trouvait devant moi.
Impossible de dévier mon chemin. La forme sortit de l'ombre portée par les arbres bordant la rue de gauche et de droite. Je retins mon souffle.

C'était tout simplement une femme sortant de je ne sais où et qui allait tranquillement s'occuper de ses affaires. Grand Dieu, ce que je pouvais être parano parfois.
Je me calmai. Déjà que transpirais un peu avant et que ma chemise n'était pas des plus légères, il ne manquait plus que je me mette la frousse tout seul comme un grand. L'objectif d'avoir moins chaud était...cramé.
J'arrivai au niveau de l'entrée du Casino, celle tournée vers l'intérieur de la ville. Je m'arrêtai, et attendis qu'une jeune femme prenne en photo sa mère devant la grosse tirelire. Le personnel de la bâtisse, regardant par la porte d'entrée vitrée, devait sûrement avoir vu défiler la scène éternellement cet été. Ils ne devaient même plus en rire. Passer la journée au milieu de cet argent et s'y habituer, le tout au son des *slot-machines* et des « Rien ne va plus ! » des croupiers, devrait être une expérience à tenter au moins une fois dans sa vie.
La jeune photographe me fit un sourire compréhensif, et je lui souris à nouveau. C'était peut-être la plus belle chose qui me soit arrivée cette journée.

Soit dit en passant, une femme n'est pas faite simplement pour sourire et pour sentir bon. C'est aussi un être humain qui possède des besoins, des envies, des émotions et parfois même du caractère ! Certains ne le savent pas encore. Ces fauteurs de trouble s'étonnent si la demoiselle leur fait un doigt lorsqu'ils la sifflent dans la rue. Mais bon, cela est un autre débat.

Je me trouvais à vingt mètres de chez moi. Il ne manquait qu'un seul feu rouge, et tout rentrerait dans l'ordre. La fatigue reprendrait sûrement le dessus et je pourrai enfin embrasser Morphée. Je ne parlai à personne ce soir-là. Et cela ne me dérangeait pas. Mais un peu de compagnie m'aurait peut-être fait du bien.
Une femme un peu mûre traversa le passage piéton en face de moi. Elle avait les yeux clairs et des formes encore étonnantes pour son âge. Elle avait l'air gentille, surtout quand elle me sourit. Je fus un peu troublé, je ne m'attendais pas à cela venant d'une inconnue.
Pourquoi tant de gentillesse ? Est-il possible qu'il reste encore des personnes ne se méfiant pas des autres promeneurs nocturnes dans ce monde ?
Un sourire est gratuit, et pourtant on en distribue peu souvent.

Dommage.

Une voiture s'arrêta au feu rouge. De la musique *rap* sortait des haut-parleurs intégrés. Les occupants, des jeunes coiffés de casquettes à l'envers, semblaient être dans leur monde. Une forte odeur de *salade* roulée dans des *OCB* parfumait l'air ambiant.
Feu vert. La machine démarra tranquillement, et je me laissai bercer par le six-cylindres en

ligne raisonnant en décroissant.
J'arrivai à l'appartement plus calme et plus détendu, comme après chaque fois que je sortais marcher le soir. Remis au lit, je me mis subitement à avoir soif. Je pris la première bouteille d'eau qui me tomba sous la main dans la cuisine, et bus une grosse gorgée.

Ce fut horrible.
Sans goût.
Fade.

Bon sang, comment se fait-il qu'après être sorti pour s'aérer la tête, après avoir essayé d'oublier l'angoisse d'un travail inexistant, un futur incertain, ce master éternellement incomplet, sa petite amie se trouvant loin, ses problèmes de famille et cette chaleur infernale, comment se fait-il que l'action de boire une bouteille d'eau me replongeait dans la colère et le désespoir ?
C'était une eau à forte concentration de magnesium. Elle était chaude, sans effet rafraîchissant et amère.
Cette eau est triste comme nos vies, morne comme notre quotidien, sans goût comme la routine, nécessaire comme un job de bureau et détestable comme un patron.

Énervé par cette colère absurde contre un élément qui disparaîtra dans plusieurs années de par sa rareté, alors que nous en trouvons encore partout dans les supermarchés, j'essayai de me détendre en enfonçant mes écouteurs dans les oreilles.
Je m'endormis sur *Paris-Seychelles* de Julien Doré. Dans les derniers instants de conscience, une larme perla sur mon visage, mélangée à la sueur, à la mélancolie et au sable fin : sable d'une plage exotique qui s'implantait doucement comme le décor de mon prochain rêve.

Chapitre 10: Discussion entre Néron et un philanthrope

à Oscar

Janvier. An IV.

« Nous sommes dans un âge où nous commençons à nous trouver et à nous accepter tels que nous sommes. Cependant, nous nous basons sur des règles implicites d'origine éducatives ou législatives.
-Je te comprends. Il est vrai que nous essayons toujours de trouver un modèle, une ligne de conduite. Cela nous creuse la tête et nous remet souvent en question.
-Pourtant, cela ne nous empêchera jamais de recevoir des critiques et du mépris de la part des Messieurs et Mesdames *Je-sais-tout.*
-Peut-être que ça nous rend tous névrosés, Mat. Si nous pouvions, au fond, nous accepter tels que nous sommes et tels que sont les autres, je pense que nos rapports entre nous tous pourraient s'améliorer.
-Oui. Les petits efforts forment parfois de grands espoirs. Essayons donc d'être le plus heureux possible.
-Cela pourrait déboucher à un manque de contrôle, ce que je refuse. Il faut instaurer un certain ordre, sinon nous ne pourrions construire une société fondée sur le vivre-ensemble.
-Bon sang, Oski, nous n'avons de comptes à rendre à personne !
-Tu ne peux pas dire ça. As-tu vu ce que nous pouvons construire à l'aide d'une bonne organisation ? Que ce soit notre thèse sur *Le Perfecto en cuir : entre mode impérissable et symbole de la contestation*, ou l'École bordelaise que nous voulons lancer. Cette contestation des mœurs par la description de l'environnement qui nous entoure peut aboutir à quelque chose de « propre », si nous nous efforçons de travailler plus souvent, et ce de manière plus approfondie. Utilisons nos émotions, certes, mais aussi un peu de technique. Comme la société, il faut un minimum d'encadrement pour créer quelque chose de beau.
-Zola n'écrivait qu'en colère. Je ne peux pas bosser comme un foutu robot qui écrit une dissertation. Imagine un peu : un peintre ne finirait jamais sa toile en deux jours ! Et même, la peinture se trouverait être pitoyable, si cela avait été le cas.
-Il y a un peu d'Hemingway dans ce que tu dis. La manière, le vocabulaire utilisé dans les formes sont intéressants. Mais bon, cela lui a coûté une renommée tardive.
-Tant pis. Même si mon bouquin ne sera aimé que dans plusieurs années, ou même jamais, je me serais au moins éclaté à l'écrire. Et je l'aurais fait avec mon cœur, et non avec ma tête.
- Mat, nous ne pouvons pas toujours réagir selon nos émotions. As-tu vu ce qu'il se passe avec les « gilets jaunes » ? Il règne une véritable anarchie sur les routes. De nombreuses personnes, ayant besoin d'aller quelque part d'urgence, se font bloquer par une poignée de demeurés qui se réveillent uniquement lorsque que l'on touche à leur saloperie d'essence.
-Eh bien, figure-toi que je ressens comme une fascination pour ce mouvement. J'ai toujours trouvé hypocrite de seulement critiquer, ou de juste adhérer à des petites associations, sans jamais réellement tenter de prendre le pouvoir « physiquement ». Notre ami John n'a pas tort : les véritables changements se sont en général produits par des actes de violence.

L'Histoire semble s'être crée par la force, mon vieux. Cette sorte de « réveil », seulement à partir de quelques personnes de la vie de tous les jours, se filmant dans leur camionnette et lançant un incroyable tsunami sur *Internet*, par ce symbole du gilet jaune, me procure une admiration irrationnelle.
-C'est de l'inconscience !
-Nous sommes inconscients et fiers de l'être. Un peu d'anarchie ne fait pas de mal, et brosse dans le sens du poil notre sentiment révolutionnaire hérité de 1789.
-Je ne suis pas antirévolutionnaire, mais n'oublie pas qu'il y a eu des morts. Et cela aboutit à deux conséquences : des familles portant un poids macabre perpétuel sur la conscience, et d'autres vivant avec le manque cruel d'un être cher. Surtout que ça ne s'est pas arrêté.
-C'est vrai. Imagine, deux appels ont suffi à attiser les flammes : et s'il y en avait cent ?
-On grossit sûrement le tableau, mais qu'allons-nous devenir ? Et si cela avait des conséquences plus graves ? ».

Que répondre à cela ? Je regardai fixement la pointe de mes chaussures. Je me résolus à dire : « Que Dieu nous garde ».
Je réfléchis un peu pendant que nous marchions. J'étais retourné en Nouvelle-Aquitaine pour organiser le déménagement de mes affaires vers la Côte d'Azur. J'en avais profité pour revoir mes amis et sortir un peu en ville.
L'air était frais, quelques nuages se profilaient à l'horizon. L'humidité se ressentait à mesure que l'obscurité venait. Les rues étaient fréquentées en ce vendredi soir.
J'avais retrouvé Oscar à l'arrêt de tram, ce serpent silencieux se mouvant sans cesse au son de sa cloche, avertissant de son passage les piétons imprudents. Avant de dîner, nous avions décidé de nous promener un peu, tout en parlant de nos projets littéraires respectifs.
Je lançai : « Au final, peut-être faut-il être heureux de posséder ce dont nous disposons, d'être ce que nous sommes et de ressentir des émotions chaque jour. C'est ce qui fait de nous des êtres vivants. Padre Pio disait que chaque jour est un jour de plus pour aimer, rêver et vivre. Du moment que nous ressentons de la joie, de la tristesse, de la rage ou de la compassion, je pense qu'il faut se rassurer : cela veut dire que nous sommes toujours en vie. Si nous ne ressentons plus rien, quelle est la différence avec la mort ? ».
Mon ami ne répondit rien, mais je voyais qu'il se creusait la tête. Nous décidâmes de nous arrêter dans un café, pour y prendre le thé, dans une rue menant à la place Camille Julian, surnommée « Caju » par les Bordelais. Nous avions besoin d'une boisson chaude.
Le café était faiblement éclairé, reflétant une ambiance tamisée. Il y avait peu de bruit, certains clients attaquant déjà leur bières, d'autres prenant un chocolat chaud. Les serveurs étaient concentrés dans leur travail, et le sourire n'était qu'en option. Mais cela ne nous importunait guère, chacun exerce sa profession comme il lui convient.
Les fauteuils en cuir, de style *vintage*, nous procuraient un beau sentiment de confort. Un portrait de Marilyn Monroe, une photo du *jazzman* Charles Mingus, ainsi qu'un des premiers postes télévisés étaient les pièces me marquant le plus. Nous aimions beaucoup l'intérieur.
« Alors, demanda Oski, comment se porte ta dulcinée ? Travaille-t-elle toujours à la Dune ?
-Non, répondis-je. Elle vient de terminer son contrat. Avant de rentrer dans l'Est de la France, nous avons passé un week-end chez sa famille dans le Limousin. Cette région, avec ses couleurs d'automne, de par les innombrables feuilles mortes, m'a procuré un réel sentiment de sérénité. J'en ai même profité pour écrire des poèmes dessus ! Cependant, nous avons passé une période malheureusement mouvementée. Solène est toujours en recherche de travail et je suis en plein questionnement par rapport à mon avenir. Notre couple a vécu des péripéties et des heurts, parfois des cris, avec un contexte de stress permanent. Ma

petite-amie a donc décidé de partir se vider la tête au Pays Basque, en attendant que ses candidatures portent leurs fruits. Si je me souviens bien, la dernière chose qui sortit de sa bouche était que quelque chose l'appelait au plus profond d'elle, et que l'« Euskadi » lui permettrait de trouver.
-J'imagine, me dit-il d'un air entendu. Les montagnes escarpées, l'impitoyable océan, les vallées vertes, le rude caractère des Basques ainsi que la typicité de leur cuisine pourrait faire ressurgir « le sauvage » qui est en ta petite amie. Elle ne cherche pas à répondre à n'importe quel appel, Mat. Solène essaye de se trouver elle-même.
-Tu as peut-être raison, avouais-je. Je l'ai vu partir avec un sac à dos, des chaussures de randonnée et même un chapeau de brousse : le kit complet de l'exploratrice ! Au fond, si elle réussit à atteindre son but, je serais content pour elle. Qu'importe les sacrifices, du moment qu'elle est heureuse. C'est peut être ça, l'amour.
-Je suis sûr que tout ira bien pour elle, m'assura-t-il. C'est une fille forte, malgré son air timide. Et cela se sent.
-Oui, je l'ai toujours dit. Et sinon, proposai-je en voulant oublier ce passage assez émotionnel, parlons d'autre chose : que lis-tu en ce moment ?
-*Daimler s'en va*, de Frédéric Berthet. Son unique roman pour l'instant. C'est l'histoire d'un inspecteur pour qui tout va mal, et qui fait comprendre, malgré des phrases à plusieurs sens, qu'il part se suicider.
-Eh bien, c'est joyeux.
-Ne te fais pas d'opinion directe, cela est amené merveilleusement bien. C'est l'anti-héros, le tordu qui décide d'arrêter de vivre dans sa folie et dans celle des autres. Je vois le suicide non comme une lâcheté ou un acte désespéré, mais plutôt comme le dernier symbole de la contestation envers la pression sociétale, que nous subissons tous au quotidien.
-Oui, je connais l'histoire des moines tibétains s'immolant par le feu. Qu'est-ce qui peut bien pousser quelqu'un à mettre fin à sa vie ?
-Un peu de bravoure, j'imagine. De fierté, et peut-être même un peu d'orgueil parfois », répondit-il, les yeux dans le vague. On aurait dit que cela lui tenait à cœur.

Qui sait ce qu'il se passe dans la tête soucieuse d'Oski ?

Nous étions jeunes. Que pouvions-nous connaître de la Mort ? Cela semblait si loin, alors que beaucoup de nos semblables la trouvaient déjà à notre âge, ou même avant ! Qui connaît donc réellement la date de son dernier jour ?

« Et toi, mon cher cofondateur de l'École bordelaise, que lis-tu actuellement ? s'enquit-il de savoir.
-Tu ne me croiras jamais, lui-répondis-je. J'ai acquis à la Librairie Mollat un bouquin de mode féminine.
-Ne me dis pas, me demanda-t-il avec malice, que tu t'es acheté un guide renseignant les femmes sur les différentes manières de s'habiller ?
-Eh oui, mon ami ! J'aime observer les femmes, leur mélange entre le marron et le noir, alors que ce sont deux couleurs traditionnellement opposées, ainsi que leur Jean taille haute accompagné d'un T-shirt blanc rentré dans le pantalon. Cela démontre une volonté de s'affirmer comme féminine, tout en faisant un clin d'œil aux adeptes du *rock'n'roll*, du look *pin-up* et des ouvrières lors de la Seconde guerre mondiale. Sais-tu que le *trench-coat* était à l'origine destiné à protéger les soldats anglais de la pluie, lors du premier conflit mondial, dans les tranchées ? La ceinture au niveau de la taille permettait d'accrocher des grenades.

-Mon Dieu, Mat, te voilà UNE véritable styliste personnelle !
-Arrête-donc, ordonnai-je en riant. Il est intéressant de savoir d'où viennent nos coutumes sur les manières de nous vêtir.
-Et pourquoi ne pas avoir acheté un guide sur « Le style du *gentleman* pour les nuls » ?
-Personne n'a à m'expliquer comment je dois m'habiller.
-Ce que tu dis est illogique ! me lança-t-il.
-Je le sais ! » m'écriai-je.

Nous rîmes de bon cœur. Nous rîmes de cette absence de logique reflétant le caractère de notre âge. Qu'il est bon d'être jeune et inconscient.
« Sinon, remarquai-je, tu portes toujours ton éternel *perfecto* !
-Je ne te l'ai pas encore dit, mais ma mère me l'a offert le jour des résultats du Bac, m'avoua-t-il avec une pointe d'émotion dans la voix. C'est du cuir véritable. Touche, je t'en prie. Sens cette odeur envoûtante. J'adore le *rock*. Je jouais déjà dans un groupe à l'époque. Depuis, il est comme une seconde peau : portant les stigmates du passé, le cuir est abîmé à quelques endroits, mais reste fier, fort et très ravageur dans le rang des filles.
-Moi aussi, j'aime le cuir. Il y a un contact intime qui se lie entre la personne et le vêtement noir. Protecteur, rassurant, mais avec malheureusement une connotation de voyou. J'aurais aimé le porter plus souvent, pour qu'il devienne mon signe distinctif. Mais l'orientation contestataire du cuir noir m'empêchait d'en porter dans mon lycée privé catholique.
-Ah, la religion, les mœurs et les images renvoyées. C'est fou comment un morceau d'étoffe, ou de peau de vachette, peut signifier quelque chose de choquant dans la vie de tous les jours, soupira mon ami.
-Tout est question de symboles, répondis-je en finissant mon *thé de Ceylan*. Mon père me dit que ce que nous portons renvoie, malgré nous, un message. Je pense qu'il faut assumer cela ou bien faire comme s'il n'existait pas.
-Après, l'art est de savoir s'adapter. On s'habille selon le lieu, l'envie et le contexte, mais je ne pense pas que l'on doit rester têtu sur notre style vestimentaire.
-Tout l'enjeu est ici : qui faudrait-il louer ? Celui qui garde son style telle une signature, ou bien celui qui sait être habile sur le choix de sa garde-robe ?
-Il revient donc à la personne de décider.
-C'est exactement ce que je veux dire. Au final, le choix revient toujours à l'individu, et non aux autres ».

Au lieu de prolonger ce débat vestimentaire, nous décidâmes de sortir nous promener côté rive droite de la Garonne, pour changer. C'était le crépuscule.
Nous marchâmes cinq minutes, puis nous nous assîmes sur le rebord surplombant le fleuve. Le côté droit de la belle *Burdigala* pouvait être sous-estimé par rapport au côté gauche, mais il n'en était pas moins agréable.
La nuit commençait à tomber sur la Place de la Bourse, lieu important de Bordeaux. Quelques curieux étaient encore rassemblés au miroir d'eau.
La série de bâtiments côté rive gauche m'avait toujours plu. L'architecture de cette ville bourgeoise mérite quand même l'admiration. Auparavant un port très important, son économie se serait fondé sur les échanges, notamment sur la traite négrière, d'après ce que l'on dit. Je dois avouer ne m'être jamais vraiment renseigné sur le sujet. Étais-ce la peur de découvrir cette face peu reluisante ? Je ne le sais pas.
Tout semblait paisible. Dans une demi-heure, nous irions manger dans un petit restaurant du Cours Alsace-Lorraine pour ensuite rejoindre des amis dans un bar de la rue Saint-Rémi en

vue de fêter notre jeunesse. Un vendredi soir banal, mais pour auquel je ne renoncerais en aucun cas.

La vie, au fond, est belle quand on sait en apprécier le caractère éphémère.

Ma rêverie s'arrêta brusquement. Une grande explosion retentit non loin. J'entendis des cris de panique, des *klaxons* et des bruits de foule. Oski et moi restâmes pétrifiés, regardant à nouveau du côté de la rive gauche. C'est de là que venait la clameur.
Nous vîmes de la fumée s'élever au-dessus de la Place de la Bourse. Je n'en voyais pas l'origine, les flammes se situant sûrement dans une rue adjacente. Le nuage était sombre, gris, imposant, montant haut dans le ciel. La vision était à couper le souffle.
Oski déclama étrangement : « Un clair-obscur resplendissant, entre les lueurs venant du Palais de la Bourse, et le nuage de fumée règne en monarque absolu sur la Garonne ». Nous étions tellement ébahis que nous ne pouvions que rester assis devant tant de grandeur.
Nous vîmes aussi une fumée blanche, plus petite, semblant être un minuscule brouillard, recouvrir la route des quais de Garonne. Le Pont de pierre nous séparait de ces phénomènes mystérieux.

Je compris de suite la situation lorsque je vis des tâches fluorescentes apparaître. Un, deux, puis une multitude de gilets jaunes avaient pris position, bloquant la voie avec des barrières et des pneus. Des sirènes de voitures de police, de pompiers et de CRS provenaient d'un peu partout. Le feu prit de l'ampleur et certains passants allèrent avec leur bouteille d'eau essayer tant bien que mal de prêter main forte aux sapeurs, au milieu de ces gilets jaunes ayant engagé un combat dans l'opacité du gaz lacrymogène avec les compagnies républicaines de sécurité. Je me souvins, sur le moment, d'un ami en Master de Droit qui avait été autrefois intéressé par le recrutement de ces compagnies. Se trouvait-il sur les quais ?
Qui était à l'origine du feu ? Les manifestants ? Ou une grenade policière ayant atterrit trop près d'un poste d'électricité ?
Des formes noires, armées de matraques et bâtons, se mêlèrent à la cohue. Vêtues de sweats à capuche, ainsi que de cagoules ou de cache-cols sombres, elles déferlèrent sur les forces de l'ordre.
Les casseurs s'invitaient à la fête.
« Putain, c'est aujourd'hui la manif? » demanda mon ami, au teint dorénavant blême. Je lui répondis d'une voix blanche que je n'en avais aucune idée. Tout cela semblait si soudain.
Les flammes incendièrent rapidement les immeubles à côté de la place. Cela donnait un décor d'arrière-plan infernal à la charge des CRS.
« Bon sang, il faut faire quelque chose ! » cria Oscar en remarquant une véritable chaîne humaine de seaux, récipients et de bouteilles gorgées d'eau. Un élan de solidarité face aux flammes s'était donc créé.
Il s'élança vers la file, voulant aider à arrêter cette anarchie, en bon philanthrope qu'il était.

Je restai immobile deux minutes. Une chanson sortit de tout ce fracas. J'entendis les premières paroles de *L'Affiche rouge* de Léo Ferré. J'écoutais cette mélodie, retransmettant, telle une épopée, l'exécution des partisans communistes par les nazis.
Aux mots « *Ils étaient vingt-trois quand les fusils fleurirent, vingt-trois qui donnaient leur cœur avant leur temps* », les manifestants chargèrent encore une fois, mais plus intensément. La plupart, pleurant à ce moment de la chanson, foncèrent tête baissée dans les boucliers.

Pourquoi ces pleurs ? Était-ce dû aux lacrymogènes ? Ou bien tout simplement était-ce l'émotion de livrer un dernier combat pour le tant revendiqué pouvoir d'achat ?

Je me dis : « Bordeaux brûle ». En effet, la ville toute entière s'embrasait littéralement.

Était-ce un simple petit incendie de quartier, en lien avec une manifestation qui avait dégénéré et qui serait vite réprimée, ou bien était-ce le début d'un véritable changement par la violence ? La bête humaine se réveillait-elle enfin, après tant d'affronts, de honte et d'échecs ?
Cette scène, où des individus *lambda* révoltés combattaient des fonctionnaires de police mal-aimés, représentait l'irrationalité même du genre humain, menant à l'inévitable chaos.

Était-ce la fin de l'hypocrisie, de l'égoïsme et de la vanité ? Ou bien était-ce un châtiment divin ?

La pluie nettoie le péché. Le feu l'éradique à la source.

Même s'il est reconnu, au final, que Néron n'avait pas mis le feu à Rome tout en jouant de la lyre, je ressentais cette sensation qu'on lui avait imputé de calme au milieu du chaos, des hurlements et des tirs de *flashball*. Il fallait un grand événement pour laisser place à un changement. Et dans le cas où cela s'arrêterait rapidement, ce jour resterait un symbole. Quelque chose de grand allait se produire.

Je m'assis sur un scooter électrique en libre-service, et observai calmement ce déchaînement de frustrations anéantir, avec rage, les derniers remparts de ce qu'il restait de l'ordre rationnel.

« La tempête est belle, vue du rivage. » - *Aristote*

Je veux remercier ma famille pour m'avoir toujours soutenu dans mes projets d'écriture. Merci de me supporter et de m'encourager à m'épanouir dans mon côté artistique.

Un remerciement aussi à Solène, pour avoir été ma petite douceur dans ce monde de brutes, et pour m'avoir toujours épaulé et aimé. Merci pour sa patience et pour son dévouement dans la correction de cet ouvrage, épaulée par mon amie Lucile.

Enfin, aussi à TOUS mes amis pour avoir, de par leur opinions diverses, aidé à me créer ma propre position. Certains d'entre eux m'ont fait aimer, haïr, mais surtout fait vivre le monde étudiant pour mieux le comprendre. Je vous aime. Même si je ne le dis pas assez ou ne le montre pas souvent.

Je dis un « à très bientôt » à mes collègues de la Dune du Pilat. Le monde du travail, la chaleur du Bassin ainsi que le touriste *lambda* ont été rendu plus abordables grâce à eux. Merci de m'avoir autorisé à démontrer ce que je valais sur le terrain, et aussi de m'avoir donné cette chance qui a contribué à mon émancipation.

Un grand *big-up* à Kevin, mon ami du début à la fin des études, pour m'avoir permis de découvrir le monde du travail saisonnier et de me l'avoir fait aimer.

Un grand salut à mon groupe de motards. Leur président, le dénommé « Brochette », m'a redonné la confiance plus d'une fois en l'amitié. J'apprécie l'ambiance du groupe car il n'a jamais été question d'argent ou de diplômes entre nous, mais seulement de valeurs. Dans la pauvreté ou dans la richesse, j'aurai toujours mes *lascars* pour me soutenir. Malgré nos airs de brutes, sous le cuir, se cachent de grands sensibles.

Merci à Oscar d'être un camarade, ami et frère d'écriture. Merci du soutien, ainsi que des nombreuses discussions au clair de lune. Je crois en cette École bordelaise, mon ami.

Enfin, j'exprime une reconnaissance éternelle envers le BDE de l'IAE de Bordeaux pour avoir attribué le Troisième prix à ma nouvelle *Déjà-vu*, et pour m'avoir ainsi donné la volonté de continuer dans le thème du naturalisme.

À toutes les personnes que je n'ai pas citées dans mon livre, n'ayez crainte : je ne compte pas m'arrêter ici, et envisage d'écrire sur Rome, la Picardie, et aussi davantage en détail sur les autres endroits déjà décrits dans les chapitres précédents.

Je compte par la suite publier plusieurs recueils de nouvelles, et aussi de poésies.

J'ai personnellement hâte de vous voir, de vous rencontrer, lecteurs, pour débattre, échanger et pour remettre en question nos certitudes.

Au final, tout simplement pour vivre.

Printed in Great Britain
by Amazon

40828976R00033